주니어
지식채널
e
2 science

지식채널

주니어 지식채널ⓔ 2 science

초판 1쇄 발행 2009년 7월 7일
초판 7쇄 발행 2017년 1월 12일

지은이 | EBS 지식채널ⓔ 제작팀
발행인 | 이원주

임프린트 대표 | 김경섭
기획편집 | 블루마크-이성림 최정미 윤대영 김진철
디자인 | 씨디자인
그림 | 카툰 스튜디오 엎어컷-박태성 유재영 김동범
책임마케팅 | 노경석·조안나·이유진
제작 | 정웅래·김영훈

발행처 | 지식채널
출판등록 | 2008년 11월 13일 (제321-2008-00139호)
주소 | 서울특별시 서초구 서초동 1628-1 (우편번호 137-879)
문의전화 | 편집 (02) 3487-1151, 영업 (02) 3471-8043

ISBN 978-89-527-5559-9 73300
ISBN 978-89-527-5538-4 (SET)

이 책은 EBS〈지식채널ⓔ〉를 어린이 인문교양서로 엮은 것입니다.
이 책의 내용을 무단 복제하는 것은 저작권법에 의해 금지되어 있습니다.
파본이나 잘못된 책은 구입하신 곳에서 교환해드립니다.

ⓒ2009, EBS

KC마크는 이 제품이 공통안전기준에 적합하였음을 의미합니다.
제조국 : 대한민국   사용 연령 : 8세 이상
주의 사항 : 책장에 손이 베이지 않게, 모서리에 다치지 않게 주의하세요.

주니어 지식채널 e 2 science

세상을 보는 다른 눈

EBS 지식채널ⓔ 제작팀

들어가는 말

지식채널ⓔ를 만든 아저씨의
별 이야기

하늘에 별이 있어. 그 별은…… 그냥 별이야. 평범한 별. 수많은 별들 중에 그냥 하나. 그게 다야. 그러니 굳이 고개를 들고 힘겹게 별을 쳐다 볼 이유는 없지.

그런데 아주 오래전에 굳이 그 평범한 별을 보기 위해 고개를 든 한 청년이 있었어. 그러니까 그게 우리나라가 일본에 주권을 빼앗겼을 때였지 아마. 따지고 보면 자기가 일제에게 주권을 내준 것도 아닌데 웬 청승인지, 슬프게 별을 쳐다보고 있었대. 그리고 심지어는 시를 읊는 거야. 이렇게……

"나는 무엇인지 그리워 이 많은 별 빛이 내린 언덕 위에 내 이름자를 써 보고 흙으로 덮어 버리었습니다."

이해가 되니? 자기 이름을 썼다가 다시 흙으로 덮는다는 게 말야. 그 게 아무것도 할 수 없는 자신이 너무나 부끄러워서 그랬던 거래. 아무튼 그 청년은 자주 별을 봤었나 봐. 그리고 별을 보며 시를 쓰다가 결국 일제에게 잡혀가 옥살이를 했고, 그렇게 짧은 생을 마감했지.

 그 청년의 이름은 '윤동주'야. 교과서에서 읽었던 그의 시는 참 아름다웠는데, 정작 시를 썼던 본인은 참 많이 부끄럽고 슬펐었나 봐. 그러고 보니 좀 미안한 마음이 들더라고.

 그래서 그 다음부터는 하늘에 별을 보면, 그의 슬픔을 아주 조금은 생각하게 돼. 그의 아름다운 시가 아니라, 그 아름다운 시를 읊던 그의 슬픈 마음을 떠올려 보는 거지. 그렇게 해 보니 하늘의 별이 참 슬프더라. 내가 괜히 부끄러워지기도 하고 말야.

 하지만 난 시인이 아니라서 시가 읊어지진 않더라고. 그래서 대신 방송 프로그램으로 만들어 봤어. 그게 〈지식채널ⓔ〉의 '하늘과 바람과 별과 시'라는 편이야. 아저씨가 어떻게 만들었는지 혹시 궁금하면, 자 지금부터 책장을 넘겨 봐.

2005년 9월부터 2008년 8월까지
지식채널ⓔ를 만든 프로듀서 김진혁

차례

들어가는 말　04

안단테 칸타빌레

느리게 노래하듯이

01　모두 사랑하고 있습니까?　10
02　귀여워　20
03　사라진 씨앗　30
04　나는 2억 5천만 원입니다　40
05　사라진 숲　50

모데라토 돌체

보통 빠르기로 우아하게

06　인류를 지켜 온 방탄조끼　62
07　6%가 가진 능력　72
08　나를 지켜 주지만, 버려지는 것들　82
09　10,999,960-무의식　92
10　그들에 대한 몇 가지 오해　102

알레그로
비바체

아주 빠르고 힘차게

11 노인과 지렁이   114

12 직선과 곡선   124

13 내 텃밭에서 자라는 식물은 무죄   134

14 빈 공간   144

15 나사 그리고 나선   154

아다지오
마에스토소

매우 느리고 장엄하게

16 1년과 하루   166

17 천만 년의 여행   176

18 도마뱀의 자리   186

19 살아남은 자의 슬픔   196

20 하늘과 바람과 별과 시   206

andante cantabile

안단테 칸타빌레,
느리게 노래하듯이

모두 사랑하고 있습니까?

귀여워

사라진 씨앗

나는 2억 5천만 원입니다

사라진 숲

01 모두 사랑하고 있습니까?

사랑,

상대에게 끌려 열렬히 좋아하는 마음.

동물들도 사랑을 한다.
그들의 사랑은……

물총새가 물고기를 낚는 데
걸리는 시간은 0.006초.

수컷은 싱싱한 물고기로
암컷에게 사랑을 구한다.
먹이는 수컷의 능력을 상징.

"새끼를 키우려면
하루 50마리의 물고기가 있어야 한다."

먹이를 구하는 데 뛰어나야
미래의 훌륭한 아빠.

상대를 고르는 암컷의 신중한 판단은
종족 번식을 위한 본능이다.

수컷 꼬마꽃게거미는
자신보다 엄청나게 큰 몸집의 암거미를
거미줄로 묶어 움직이지 못하게 한다.
또, 수컷 애풀거미는 자신보다
300배나 큰 암컷에게 최면을 걸어 재운다.

모두 짝짓기 도중
암컷에게 잡아먹히지 않기 위하여.

그러나 결국 잡아먹히는 수컷 거미들.
번식기 수컷의 몸은 암컷에게,
알을 불리는 데 필요한
최고의 영양 공급원이다.

남극, 가장 춥고 척박한 곳에 사는
황제펭귄.

그들은 번식기가 되면,
푸른 빙하와 거친 눈보라뿐
누구도 접근할 수 없는 얼음 대륙,
오모크로 떠난다.

그들이 들려주는
신비스런 사랑 이야기.

- **오모크** Hummok
  황제펭귄들의 짝짓기 장소.
  번식기인 겨울철이 되면
  바닷가에서 20일 이상 걸어
  오모크로 이동한다.

황홀한 구애와 짝짓기 후,
암컷은 알을 낳아 수컷에게 맡기고,
먹이를 사냥하러 긴 여정에 오른다.

하나의 알.
새 생명을 조심스레 품는 수컷들.

풍속 100km/h, 영하 80℃.
아무것도 먹지 않은 채 60일간
체온으로만 알을 품는 수컷들.

행여 알을 떨어뜨릴세라
조심스레…….

드디어 알을 깨고 태어난 새끼.

사냥에서 먹이를 구해 돌아올
암컷을 기다리며,
수컷은 몸 안의 마지막 영양분을 토해 내,
새끼에게 먹인다.

기다림 끝에 추위와 배고픔으로
암컷을 만나지 못하고 숨지는 수컷도 있다.
그때는 새끼도 살아남지 못한다.

새끼가 부모를 떠날 때까지
펭귄 부부는 번갈아
바다로 사냥을 간다.
새끼의 먹이를 구하러…….

이것이 황제펭귄의 사랑.

우리도 모두
'사랑'하고 있습니까?

새 생명의 시작

생물은 살아가는 동안 본능적으로 두 가지를 향해 나아가고 있어. 두 가지가 뭘까? 바로 자신의 성장과 자손의 번식이야. 그런데 광합성을 하든 양분을 섭취하든, 자신만을 위해 에너지를 다 써 버리지는 않아.

동물들에게 새 생명의 시작은 〈수정란〉이야. 정자와 난자가 만나 수정란을 만들면 생명은 힘차게 달리기를 시작하지. 한 개의 세포에서 시작하여 수억 개에 달하는 몸의 세포가 만들어지는 거야. 그리고 각 세포들은 소화, 호흡, 배설, 순환 등의 서로 다른 일들을 하게 되지.

새끼를 낳는 동물은 어미의 몸속에서 수정란이 성장하지만, 알을 낳는 동물은 어미가 낳은 알 속에서 수정란이 성장해. 어미의 몸에서 직접 영양분을 얻을 수 없으니, 알에는 영양분이 풍부해야겠지? 더욱이 알이 천적에게 먹힐 지도 모르니 어미는 알을 넉넉하게 낳아야 해.

암컷이 수컷을 잡아먹는 까닭

알을 충분히 낳기 위해 어미는 잘 먹어야 하지. 만일 어미가 충분한 영양분을 섭취하지 못했다면 어떻게 될까? 징그러운 이야기지만 암컷은 수컷을 잡아먹을 수밖에 없어.

거미나 사마귀 등의 암컷이 수컷을 잡아먹는 건 성격이 사납기 때문이 아니야. 암컷이 늘 수컷을 잡아먹는 것도 아니거든. 알을 낳을 때가 된 어미가 잘 먹지 못해 영양 상태가 나쁠 때만 그런다는군.

수컷도 죽는 건 싫겠지만, 새끼를 위해 어쩔 수 없는 일이라는 걸 본능적으로 알고 있을 거야. 그래서 암컷에게 기꺼이 잡아먹히는 게 아닐까? 곤충들은 대부분 1년만 살고 죽기 때문에, 수컷은 새끼가 깨어나는 걸 볼 수 없어. 어쩌면 죽음은 아빠 곤충이 새끼를 사랑하는 하나의 방법인지도 몰라.

엄마 못지않은 아빠의 사랑

새는 알에서 깨어난 새끼가 스스로 먹이를 구할 수 있을 때까지 돌봐 주지. 새끼를 돌본다는 건 어미만의 몫이 아니라 부부가 함께 해야 할 일이야. 그러니 암컷이 수컷을 만나 사랑을 하고 부부가 될 생각이라면, 짝을 찾을 때 태어날 새끼까지 고려하게 되지.

예컨대 물총새처럼 수컷이 얼마나 빠르게 싱싱한 먹이를 잡는지, 얼마나 많이 잡을 수 있는지 등등을 살펴보는 거야. 아빠 새의 능력은 앞으로 태어날 새끼들을 돌보는 데 중요하니까.

우리네 아빠들도 '새끼'를 돌보기 위해 힘들게 일하긴 마찬가지야. 아무리 열심히 일해도 일이 줄지 않아 아이들과 놀아 줄 시간이 없는 데다가, 부자가 되기도 쉽지 않지. 새끼를 더 잘 먹이고 더 편안하게 돌보고 싶지 않은 아빠가 어디 있겠어?

그런데도 행여 아빠의 마음을 잘 몰랐거나 섭섭하게 한 적이 있다면, 황제펭귄의 이야기로 아빠를 위로해 드리는 건 어때? 자식을 위해 목숨을 내놓는 거미, 하루 50여 마리의 물고기를 잡아다 새끼를 먹이는 물총새 이야기도 덧붙이면 좋고.

"우리들을 위해 아빠가 얼마나 고생하시는지 잘 알아요"라고 말씀 드려 봐. 하나 더! "사랑해요"라는 말도 잊지 않아야겠지?

02
귀여워

무시무시한
맹수의 제왕, 호랑이.

그러나

생후 2개월 된 새끼 호랑이는……

아, 귀여워!

새끼 염소, 새끼 토끼, 새끼 고양이, 새끼 돼지……

너희들은 모두 똑같구나.
아, 귀여워!

왜 동물들의 새끼들은
모두 귀여울까?

귀여운지 아닌지는
보는 이에 따라 다를 수 있겠지.

하지만 새끼 동물들의 귀여움이란 건
고유한 특징을 가지고 있어.

몸통에 비해 훨씬 큰 머리,
머리에 비해 훨씬 큰 눈.

짧은 팔다리와
두루뭉술한 몸매.

어설픈 걸음걸이와
서툰 몸짓.

"이런 특성들을 지닌 동물들은
'귀엽다'라는 느낌을 줘서
보호하고 돌봐 주고 싶은 욕망을 불러일으킨다."
–콘라드 로렌츠(오스트리아, 동물행동학자)

생존경쟁이 치열한 자연 생태계.
그러나 스스로를 지킬 능력이 없는 새끼들.

새끼들의 귀여운 외모는
부모의 양육 본능을 자극하지.

**새끼들의 귀여움은
생존을 위한 전략이야.**

그러나
새끼들의 귀여움은
곧 사라지고,

귀여움 대신
새끼들이 선택하는 것은……
'성장'.

놀이를 통해 생존 기술을 익히고,
경험과 실수를 반복하면서
세상을 향해 나아가는 거야.

그것이 바로
스스로를 지킬 수 있는 힘.

그것이 바로
미래의 귀여운 생명을
보호하고 돌봐 주는 힘.

바로 '성장'이야.

난생과 태생

동물들이 새끼를 낳는 방법에는 두 가지가 있어. 하나는 알을 낳는 난생卵生이고, 다른 하나는 어미와 닮은꼴의 새끼를 낳는 태생胎生이야.

곤충이나 물고기, 뱀, 새 종류는 알을 낳는 데 반해, 포유류와 사람은 새끼를 낳지. 알을 낳는 동물들 중에는 알에서 깨어 나온 새끼를 돌봐 주는 것도 있지만, 대부분은 알을 낳는 걸로만 끝나. 그러나 새끼를 낳는 동물은 새끼가 자랄 때까지 어미가 젖을 먹여 돌보게 돼.

난생과 태생은 서로 어떤 차이가 있을까? 알은 양분이 많은 상태라 늘 누군가의 먹잇감이 될 수 있어서, 알에서 새끼가 무사히 깨어 나오는 것부터 쉽지 않아. 그래서 어미는 알을 수십 개에서 수천 개 정도로 많이 낳아, 몇 마리라도 살아남게 하려고 하지.

이에 반해 태생은 훨씬 적은 수의 새끼를 낳지만, 새끼가 다 성장할 때까지 돌봐 줌으로써 생존 가능성을 높여. 그래서 난생보다 태생이 더 발전한 번식 방법이라고 할 수 있어.

어미의 수고에 대한 감사

엄마, 아빠가 누군지도 모른 채 알에서 깨어나는 새끼들과 달리, 어미의 보살핌을 받게 되는 새끼의 생활은 어떨까? 여러 형제와 동시에 태어난 새끼들은 순전히 어미가 주는 먹이에 의존해서 살아야 하니까, 바로 경쟁 관계에 놓이게 돼.

어미 새는 어떤 새끼에게 먹이를 줘야 할 차례인지 잘 몰라. 무조건 입을 크게 벌리고 열심히 울어대는 새끼에게 먹이를 주지. 먹이를 차지하기 위해선 열심히 울어야겠지? 어미의 젖을 먹는 포유류의 새끼들도 마찬가지로 서로 좋은 어미젖을 먹기 위해 자리다툼을 벌여야 해.

먹이 경쟁뿐 아니라, 어미의 사랑을 더 많이 얻는 것도 중요해. 어미의 사랑을 독차지하는 방법은? 글쎄? 귀여움이 아닐까? 예쁘고 사랑스러워야 자꾸 눈길이 가고, 돌봐 주고 싶은 마음을 불러일으키니까.

귀여움을 단지 새끼들의 생존 방법이라고 말하니까 너무 삭막하다고? 그러면 이렇게 표현을 바꾸어 볼까? 귀여움은 자신을 돌봐 주는 어미의 수고에 대한 감사의 표현이라고.

몸의 성장, 정신의 성장

모든 생명체는 태어나 어른이 될 때까지 몸이 자라는 법이야. 팔다리의 근육이 발달하면서 걸음마와 숟가락질을 배우고, 배가 고픈 건지 아픈 건지도 스스로 알아가게 되지. 그리고 엄마의 품과 할머니의 등에서 내려와 자신의 힘으로 살아가는 방법을 터득하기 시작해. 바로 성장이야.

그런데 성장에는 또 다른 모습이 있어. 몸이 성장할수록 정신, 그러니까 마음과 생각도 성장해야 하거든. 주변의 도움도 필요하지만 자신의 노력이 더 중요하지. 어떻게 하면 정신이 잘 성장할 수 있을까? 어떤 사람이 되고 싶은지, 어떤 마음으로 살아가야 하는지를 많이 생각하고, 질문하고, 또 배워야 해. 그리고 스스로의 힘으로 계획하고 목표를 정해야겠지.

가끔씩은 잠시 멈추어 서서 '왜 그렇게 해야 하는데?', '이건 왜 이래?' 하고 자신에게 물음을 던져 봐. 의문을 갖는다는 건 '자아(나)'를 만드는 데 큰 밑거름이 된단다.

03 사라진 씨앗

삼면이 바다로 둘러싸인 반도에
사계절이 뚜렷한 우리나라.

대륙성기후와 해양성기후가 만나는
우리 땅 한반도.
다양한 기후 변화 덕분에 강해진
식물들의 환경 적응력.

산과 계곡이 많아
잡종교배 없이 순종이 유지된
다양한 자생식물들.

우리나라에
자연환경이 베풀어 준 축복.

- **잡종교배**雜種交配
  동식물에서 종이 서로 다른 암수가 짝짓기를 하는 것
- **자생식물**自生植物
  산이나 들, 강이나 바다에서 저절로 나는 식물
- **대륙성기후**
  대륙의 영향을 크게 받아, 맑고 강수량이 적으며,
  기온의 변화가 심한 기후
- **해양성기후**
  바다의 영향을 크게 받아, 흐리고 강수량이 많으며,
  기온의 변화가 작은 기후

그러나……
일제강점기를 거쳐
한국전쟁을 겪고,
1970-80년대 집중적인
국토 개발이 이뤄지면서,
미국, 일본 등으로 흘러나간
우리의 종자들.

- 종자種子
  식물에서 나온 씨앗

- 종자 소유권
  새로운 식물의 품종을 가장 먼저 키워 낸 사람(나라)에게 권리가 있다.
  식물신품종보호조약에 가입한 나라들은 각국의 농업 관련 부서에서 품종의 등록과 보호를 관리한다. 일단 조약에 가입하면 다른 나라에서 등록된 종자의 소유권을 인정해야만 한다. 유럽과 일본, 우리나라 등이 가입되어 있다. 미국은 이와 달리 다른 상품들처럼 특허로 식물 품종을 관리하고 있다.

미군정청의 식물 채집가 미국인 미더 교수,
1947년 북한산에서 수수꽃다리 씨앗을 채집.
미국으로 돌아간 그가
이 씨앗을 개량하여 붙인
새로운 이름 '미스킴 라일락'.

현재 미국 라일락 시장의 30%를 차지하는
미스킴 라일락.
정작 원산지인 한국에는
아무런 권리가 없어
사용료를 지불하고 억수입히고 있다.

◀ 수수꽃다리

수조 원이 넘는 이익을 남기는
독일 '크리스마스 트리'는
한국 소나무종 '구상나무'.

1970년대
인도와 파키스탄의 기아를 해결한
밀 재배종인 '소노라'는
한국 재래종 밀인 '앉은뱅이 밀'.

• **재래종**在來種
　어느 한 지역의 환경에서만 적응하여 자라나며, 다른 종과 섞이지 않은 고유한 품종

◀ 구상나무

재래종 콩이 풍부했던
중국과 한국.

그러나 현재 세계 최대 콩 종자 보유국은
1만 7천여 종을 보유한 미국.
국내산 콩 자급률은 5%에 불과하며,
나머지는 모두 수입산 종자.

국내 종묘 업체 54개 중,
종자 개발 능력을 갖춘 국내 기업은
단 세 곳.

종자 수입으로 외국에 지불되는 돈은
연 200억 원.

▼ 앉은뱅이 밀

수익성이 높은 종에만 투자하는
다국적 종묘 회사.

그러나 다시 씨앗을 받을 수 없는
유전자 조작 종자만을 판매한다.

국내에서 수입 종자를 재배하려면,
씨앗을 뿌릴 때마다 매번 수입해야 한다.

- 다국적 회사
  세계 여러 나라에 회사를 거느리고,
  세계적인 규모로 생산 판매하는 기업.
  왼쪽은 대표적인 다국적 종묘 회사들

- 유전자 조작
  유전자를 인공적으로 변화시켜 돌연변이를
  만들어 생물체의 성질을 바꾸는 일

2012년부터 외국 종자에 대한
사용료를 지불해야 한다.
그 사용량은
국내 종자 시장의 90%를 넘는다.

그 액수가 얼마일지는
예측이 안 된다.

그 많던 우리의 씨앗은
다 어디로 사라졌을까?

사진 제공 '여행 블로거 잠든자유'

사라진 우리의 씨앗

사라진 우리의 씨앗은 또 있어. '홍도비비추'라는 우리의 옥잠화는 '잉거비비추'라는 미국산 식물로 팔리고 있고, '참나리'는 유럽의 백합으로 개량됐어. '변산바람꽃' 등 우리나라에서는 이제 찾아보기 힘든 재래종 식물들이 일본에서는 대규모로 팔리고 있지.

최근 세계 각국은 이와 같은 사례를 막기 위해 '생물 주권'을 강화하고 있어. 신품종을 개발할 경우, 원래 재래종으로 가지고 있었던 나라에도 개발 이익을 나눠주어야 한다는 거야. 즉, 남의 나라 씨앗 하나도 함부로 쓸 수 없게 된 거지. 그리고 동식물을 나라 밖으로 가지고 나가는 것도 엄격히 관리해.

현재 우리 농촌이 수출하는 농작물의 종자는 대부분 외래종이야. 파프리카는 원래 아메리카와 유럽에서 자라난 외래종이지. 배는 일본, 장미는 독일, 백합은 네덜란드에서 들여온 외국 종자로 키운 것들이야.

결국 우리의 농촌은 외국 종자를 키워 주고 있는 셈인 데다, 앞으로 종자 사용료를 지불해야 수출할 수 있어. 우리나라도 〈국제식물신품종보호조약〉에 가입해서, 외국 품종에 대해 로열티를 물어야 하거든.

세계는 지금 '씨앗' 전쟁 중

세계적으로 '종자 전쟁'이 벌어지고 있는데, 그 이유는 뭘까? 식량난과 에너지 부족, 환경문제 등에서 생물자원이 주요한 해결책으로 떠오르고 있을 뿐 아니라, 경제적 이익을 보장하기 때문이야.

특히 조류 인플루엔자와 같은 새로운 전염병이 생기거나, 암, 동맥경화, 당뇨 등 치료하기 힘든 질병이 늘어가면서, 그 치료약을 식물 성분에서 찾고 있어. 가령 조류 인플루엔자 치료제 '타미플루'의 주원료는 중국의 재래종 식물인 '스타아니스' 열매에서 추출한 거야.

신약 개발은 가장 이윤이 높은 생명공학 기술의 하나여서, 어떤 식물이 의약품으로 개발되면 황금알을 낳는 거위로 바뀌기도 해.

식량문제와 '씨앗의 다양성'

하지만 씨앗과 관련해서는 더 중요한 문제가 있어. 현재 세계는 심각한 식량난을 겪고 있어. 2050년경 세계 인구는 50%가 늘어나 무려 90억 명이나 될 전망이니, 미래에는 더 심각해지겠지. 특히 전 세계의 식량 유통을 쥐고 있는 미국의 거대 곡물 기업들이 식량 공급과 가격을 결정하고 있기 때문에 상황은 더욱 불안해.

그런데 이들 거대 곡물 기업의 등장은 생물종 다양성에도 큰 위협이 되고 있어. 원래 밀의 종자는 20만 가지, 쌀의 종자도 30~40만 가지로 식물 유전자가 다양했어. 그러나 곡물 기업들은 수익성이 좋은 종자에만 투자하고 있어서 생물 다양성이 점점 축소되고 있지.

더 좋은 씨앗을 뿌리는데 뭐가 문제냐고? 기후별로 지역별로 환경이 다른데, 한두 종류의 씨앗이 어디서나 똑같이 많은 수확을 거둘 수는 없어. 더구나 최근과 같이 극심한 기후 변화에는, 몇 종에 불과한 씨앗들은 더더욱 잘 적응하지 못할 테니까. 그래서 미래에 인류가 굶지 않고 먹고 살기 위해서는 곡물 유전자의 다양성을 지키는 일은 꼭 필요해.

04 나는 2억 5천만 원입니다.

우리 코끼리들의 삶은
평화로웠습니다.

그러나
평화는 깨지고……
나는 2억 5천만 원이 되었습니다.

사람들이 나타났습니다.

우리 코끼리들은 총탄을 맞고
목숨을 잃었습니다.

그들은 우리와
땅을 나누려 하지 않았습니다.
우리는 덫에 걸려
목숨을 잃었습니다.

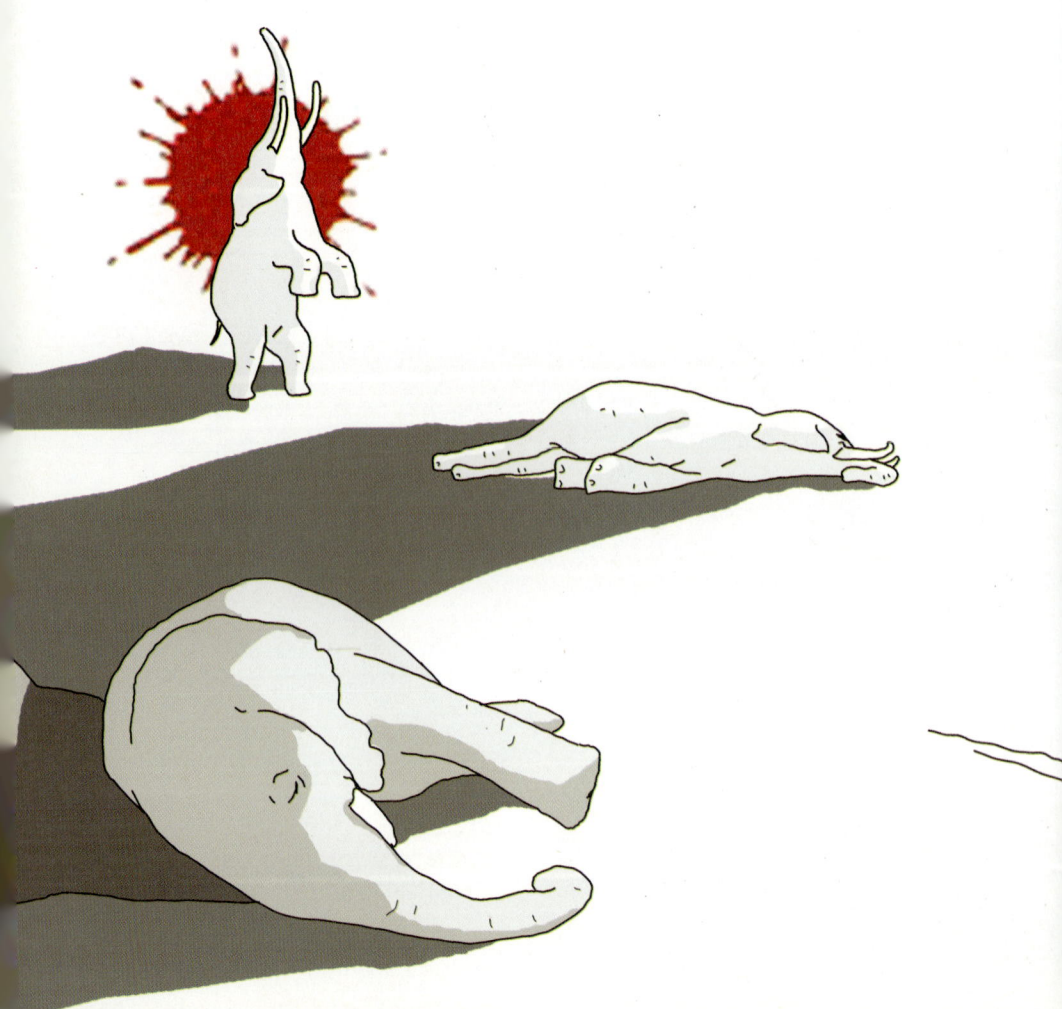

그들은 우리의 송곳니, 상아로
도장, 피아노 건반, 고급 조각품들을
만들었습니다.

그들은 우리의 귀로 만든
탁자 위에서
우리의 다리를 먹었습니다.

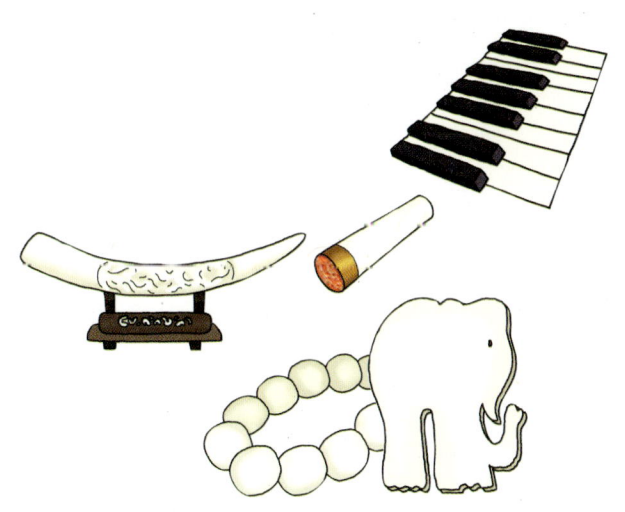

우리 코끼리들의 조상,
매머드들이 멸종했듯이
우리도 사라지고 있습니다.
하지만 전혀 다른 이유에서.

베어지는 숲,
시꺼멓게 뿜어져 나오는 연기.
인간의 지나친 소비가
만들어 낸 지구온난화로
자꾸만 사막은 넓어집니다.

수천 km를 날거나 걸어야 하는
우리 같은 동물들은 살 곳을 찾지 못합니다.

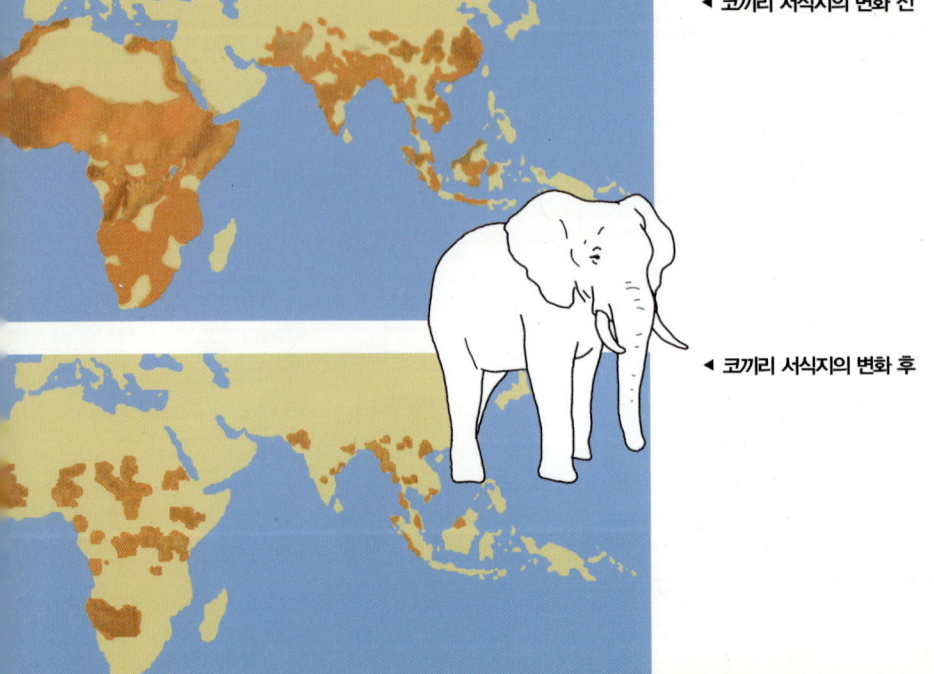

◀ 코끼리 서식지의 변화 전

◀ 코끼리 서식지의 변화 후

결국
우리 코끼리들은
멸종 위기 동물로 지정됐고,
전 세계적으로
약 40만 마리밖에 남지 않았습니다.

우리는 없어지고 있지만
대신 가격표를 갖게 되었습니다.
사람들은 돈으로 우리를 사고팝니다.

다른 동물들에게도 가격이 있습니다.

사자 150만 원,
돌고래 1억 5천만 원,
기린 2억 원,
로랜드 고릴라 10억 원.

**멸종 위험이 높을수록
가격도 높아집니다.**

그래서,
나는 2억 5천만 원입니다.

매년 최소 2만 종의 생명체가
지구에서 사라져 갑니다.

동물의 가격은?

서울대공원 동물원에서 가장 비싼 동물은? 아프리카에서 온 '로랜드 고릴라'야. 굳이 가격을 따지자면 10억 원쯤 하는데, 전 세계적으로 수백 마리밖에 남아 있지 않아 실제로는 '부르는 게 값'이라 할 수 있어.

북극곰이라 불리는 흰곰은 1억~2억 원, 코뿔소는 3억 원, 오랑우탄은 3억 원, 황새는 2억 원으로 억대의 몸값이야. 최근 10년간 사자와 호랑이는 수가 늘면서 150만 원과 1천만 원으로 가격이 낮아졌어.

동물의 가격이 옛날부터 이렇게 비쌌던 건 아니야. 마구잡이로 동물을 잡아 불법으로 거래하던 시절에는 흔하게 동물을 구할 수 있었어. 오늘날은 각종 동물 보호 협회에서 무분별한 수입과 판매를 제한하고 있어서, 거래되는 동물의 수가 적고, 그에 따라 가격은 더 올라가고 있지.

동물의 가격은 어떻게 결정될까? 〈멸종 위기에 처한 야생 동식물의 국제 거래에 관한 협약〉에서는 멸종 위험의 정도에 따라, 동물들을 1, 2, 3 등급으로 구분해. 등급이 높을수록, 즉 멸종 위험이 클수록 해당 동물의 값이 비싸지.

생태계의 그물망이 무너지면

유엔의 보고에 의하면 지구에는 약 3천만 종의 생물이 살고 있어. 그러나 인구 증가와 기후 변화, 밀렵, 개발 및 환경오염으로 인해 해마다 2만~5만 종의 생물이 멸종되고 있어.

이런 추세로 간다면, 100년 뒤인 2100년경에는 전체 생물 종의 25~50%가 멸종할 것으로 예상하지. 다종다양한 생물의 멸종은 생태계의 촘촘한 그물망을 망가뜨리게 되므로, 생태계의 파괴는 예상보다 훨씬 빠르고 위험하게 진행될지도 몰라.

어떤 생물이든 지구상에 나타나선 없어지고, 다시 새로운 종이 생기는 게 당

연한데, 뭐 그리 대수냐고? 오늘날의 멸종은 과거 공룡이나 매머드가 멸종한 것과는 다른 차원이야. 과거에 비해 1천~1만 배나 빠른 속도로 일어나고 있으며, 대부분 그 원인이 인간의 경제 활동에서 비롯되었거든.

생물 다양성의 파괴로, 인류가 이용할 수 있는 생물자원이 점차 줄어드는 것은 말할 것도 없어. 생명의 세계는 그물망처럼 엮어져 있어서, 몇몇 생물의 멸종이 도미노와 같은 현상을 불러올 수 있지.

심각하게는 멸종 위기에 처한 생물들이 생존을 위해 돌연변이라는 극단의 방법을 택하게 돼. 새에게나 질병을 일으키던 바이러스가 인간을 공격하는 조류 인플루엔자 바이러스가 되는 것처럼 말이야.

더디게 일어날 변화

최근의 기후 변화는 생존 능력이 뛰어난 생물종까지도 무력하게 하고 있지. 지난 100년 동안 지구의 온도는 0.6℃ 오르는 데 그쳤지만, 이 작은 변화에도 생물계는 엄청난 영향을 받고 있으니까 말이야.

그러니 아주 더디게 나타날 여러 변화들의 결과에 대해서는 상상조차 불가능하지. 이런 결과들이 코앞에 닥치고서야 반성하고 후회한다면, 얼마나 어리석은 일이 될까!

05 사라진 숲

여기가 도대체 어디일까?

이곳은 아마존 열대우림.
우리가 아는 아마존 열대우림은……
총면적 705만㎢로 대한민국의 70배.
브라질 국토 면적의 60%를 차지한다.

지구 전체 산소량의 5분의 1을 공급하고,
인류가 뿜어내는 탄소를 흡수하고,
오염 물질은 여과시켜 준다.

또, 지구 생물종의 약 반수가 사는
생물 다양성의 보물창고다.

그러나 곳곳에서
마구잡이로 도벌이 이루어지는 실정.

매년 약 2만㎢, 전라남북도를
합친 면적의 숲이 사라진다.

"아마존 강 유역이 너무 넓어서
 경찰이 도벌을 모두 단속할 수 없는 실정입니다."

"이대로 가면 50년 뒤에는
 밀림이 완전히 사라질 수도 있습니다."

'지구의 허파' 아마존은 급격히 기능을 잃어 가고,
 이로 인해 지구온난화는 더욱 급속히 진행되고 있다.

- 도벌盜伐
  몰래 나무를 베는 일

그런데
아마존의 불법 벌목, 과다 벌목의
혜택을 보고 있는 것은 바로 선진국들.

배어낸 목재의 대부분은 선진국으로 실려 가고,
숲을 베어낸 자리에는
더 많은 이익을 보장하는 가축이나
가축의 사료인 콩이 재배되고 있다.

그리고 이 콩을 먹고 자라는 건
유럽 양계 농장들의 닭.
이 닭고기들은 미국의 패스트푸드 재료로 공급된다.

"누구를 위한 아마존인가?"
세계적인 환경보전 운동을 주도하는 선진국들은
아마존을 지켜야 한다고 주장하고,
아마존 주변 개발도상국들은
강력하게 반발하고 있다.

"아마존은 브라질의
　전유물이 아닌
　세계의 재산이다."
－선진국

"선진국들은 자기들 영토를
마음껏 개발하여 발전한 뒤에,
이제 와 우리에게 아마존을
보호해야 한다고 주장한다!"
－개발도상국

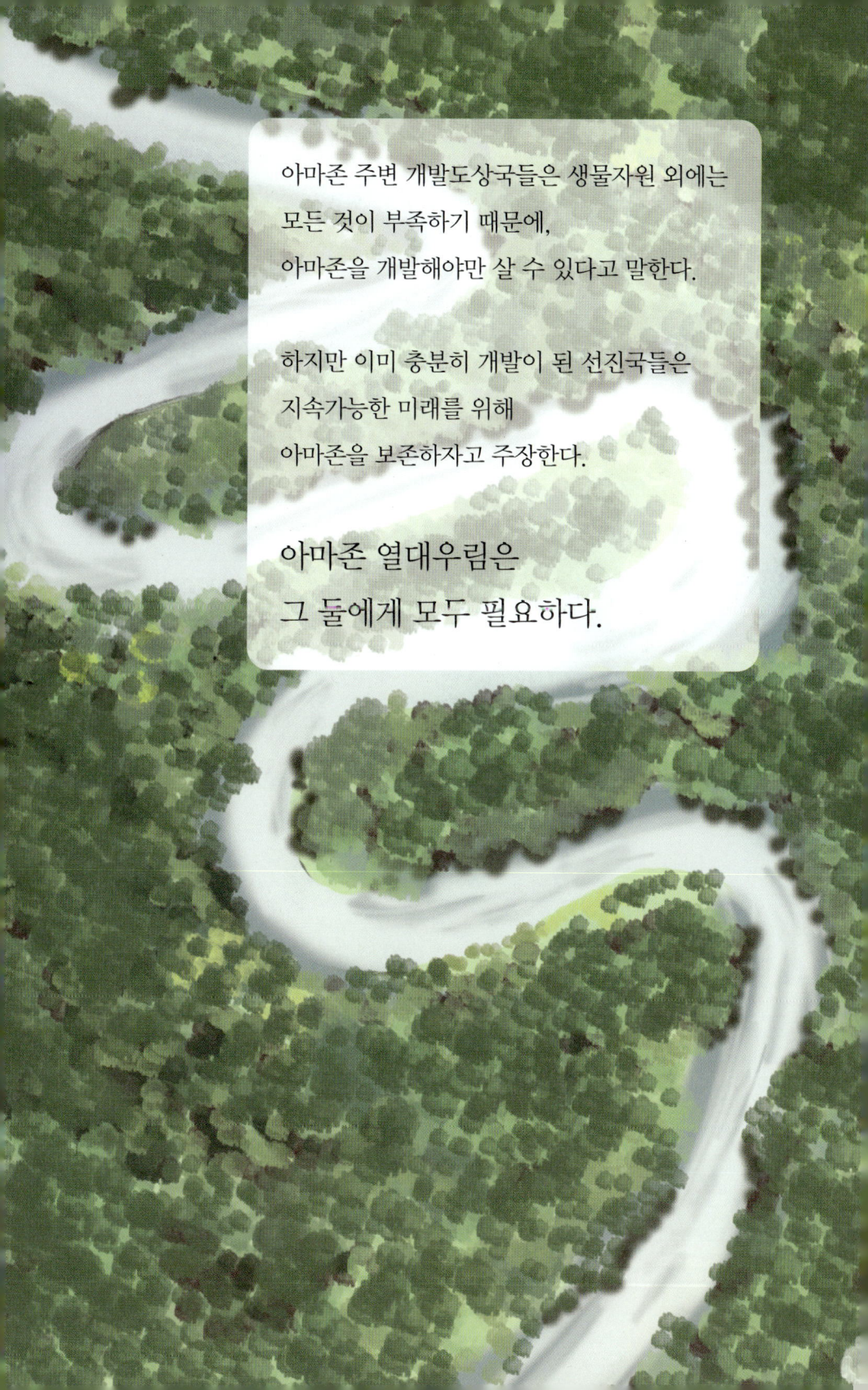

아마존 주변 개발도상국들은 생물자원 외에는
모든 것이 부족하기 때문에,
아마존을 개발해야만 살 수 있다고 말한다.

하지만 이미 충분히 개발이 된 선진국들은
지속가능한 미래를 위해
아마존을 보존하자고 주장한다.

아마존 열대우림은
그 둘에게 모두 필요하다.

그리고
아마존 열대우림이 필요한 또 다른 사람들이 있다.

낚시와 사냥, 농작물 재배.
밀림의 거친 환경 속에 적응하며
조상대대로 살아온
아마존 원주민들.

그러나 어느 날 갑자기 숲이 사라져 버렸고,
따갑게 내리쬐기 시작하는 햇빛이
무방비 상태인 그들의 눈에 파고들었다.

점차 시야는 흐릿해져 갔고,
결국 시력이 사라지기 시작했다.
아마존에는 한 동네 사람들 전체가
반(半)장님인 곳도 있다.

사라진 숲,
잃어버린 눈.
이들은 어디에 하소연해야 할까?

그들에겐
변호사도, 땅 문서도 없다.

열대우림 지역

적도 주변에서도 비가 많이 내려 밀림이 만들어진 곳을 〈열대우림〉 지역이라고 해. 열대우림 지역은 지구에서 없어서는 안 될 중요한 곳이야. 거대한 숲은 광합성으로 지구 전체 산소의 40%나 되는 산소를 뿜어내거든. 뿐만 아니라 식물은 광합성에 이산화탄소를 쓰니까 대기 중의 온실가스를 줄이는 데도 큰 역할을 하지.

열대우림은 지구 면적의 7%에 불과하지만, 전체 생물종의 50%에 가까운 동식물들이 살고 있어. 충분한 햇빛과 물이 있는 이곳은 식물들에게 더할 수 없는 환경일 뿐더러, 동물들에게도 최고의 삶의 터전이야. 그러니 열대우림은 생물자원의 보물창고이며, 동식물들에겐 낙원인 거지.

아마존은 브라질의 것? 인류의 것?

아마존의 열대우림은 오랫동안 원주민들과 동식물들의 삶의 터전이자 낙원이었어. 1960년대 이후 본격적인 개발이 이루어지기 전까지는 말이야. 개발업자들은 불법으로 아마존의 삼림을 마구 베어 내기 시작했고, 대지주들은 가축을 기르고, 콩을 재배하기 위해 삼림을 불태우기 시작했어.

현재의 개발 속도로 아마존을 파괴해 간다면 50년이 지나면 아마존의 거대한 숲은 완전히 사라질지도 몰라. 숲뿐 아니라 콩을 재배하기 위해 쓰는 화학비료와 살충제 때문에 아마존의 강물까지 썩어가고 있어.

더구나 몇 년 전 브라질의 룰라 대통령은 경제를 위해서 아마존을 개발할 수밖에 없다고 선언했어. 그러나 환경단체들은 국가가 지원하는 벌목까지 이루어지면, 아마존의 파괴는 더 심각해진다고 반대하고 나섰어. 숲이 파괴되면 지구온난화의 속도는 더 빨라질 거니까. 공장의 굴뚝과 자동차에서 뿜어져 나오는 대량의 이산화탄소를 효과적으로 제거할 수 있는 건 거대한 숲뿐이야.

세계적인 환경단체들도 '아마존의 밀림은 브라질만의 것이 아닌 전 인류의 재산'이라고 주장하면서 아마존의 개발을 반대하고 있어.

그러나 브라질 정부는 "당신네 나라들은 왜 자동차 배기가스에 대해 강력하게 규제하지 않느냐?"라며 선진국들에게 되묻고 있지. 선진국들은 온갖 개발을 통해 경제적 이익을 얻고, 그 결과로 생긴 지구온난화의 원인이 마치 아마존의 개발에 있는 것처럼 책임을 떠넘긴다는 거야.

아마존의 진짜 주인들

아주 오랜 옛날부터 아마존에 삶의 터전을 일구어 온 원주민들과 동식물들. 그들이야말로 아마존의 진짜 주인들이지. 그들은 어떻게 생각하고 있을까? '아마존을 있는 그대로 두라'라고 하지 않을까?

그런데 이들은 거대한 힘에 맞서 싸울 힘이 없어. 원주민들은 삶의 터전을 잃은 것은 말할 것도 없고, 시력까지 잃은 상태야. 하지만 개발을 막아낼 힘도, 자신들의 처지를 하소연할 곳도 없어. 보금자리를 빼앗긴 동식물들은 멸종의 위기까지 맞고 있지.

'아마존의 밀림은 브라질만의 것이 아닌 전 인류의 재산'이 옳은 생각이라고? 그렇다면 더 나아가 '지구의 모든 자연환경은 인류의 것만이 아닌 모든 생명체의 재산'이라는 생각도 해보면 어떨까?

moderato dolce
모데라토 돌체,
보통 빠르기로 우아하게

인류를 지켜 온 방탄조끼

6%가 가진 능력

나를 지켜 주지만,
버려지는 것들

10,999,960 - 무의식

그들에 대한 몇 가지 오해

06
인류를 지켜 온 방탄조끼

자, 보고 웃으셨나요?

축하드립니다!
여러분은 방금
인류 최고의 방단조끼를 입으셨습니다.

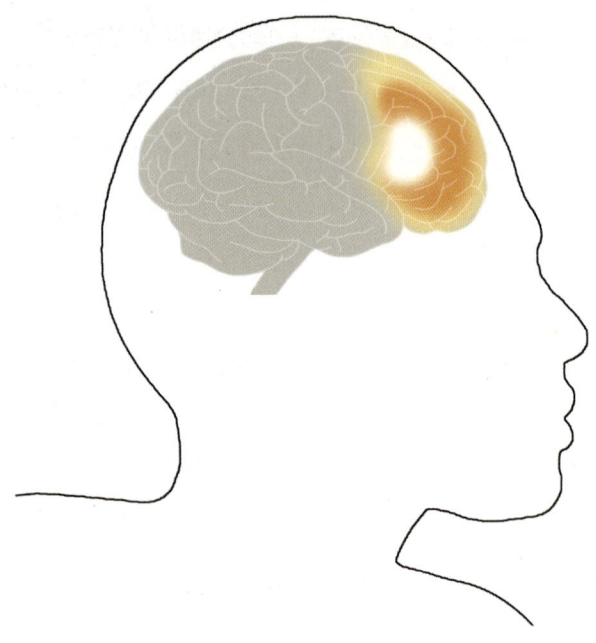

웃을 때 활발하게 반응하는
뇌의 전두엽 하단.

전두엽은
포유동물 중에서도
고등동물에서 잘 발달하였으며,
기억력과 사고력을 담당한다.

웃음은 학습 효과를 높여 주고
기억력을 증진시킨다.

• **전두엽** 前頭葉
대뇌의 앞부분

웃을 때,
우리의 몸에서 일어나는 일.

폭소 비디오를 본 사람들의
혈액을 조사한 결과,
병균을 막는 항체 200배 증가.

자주 웃는 사람은
질병에 대한 면역력과
스트레스를 이겨 내는 힘이
훨씬 강해진다.

"웃음은 방탄조끼다."
-노만 카슨스 (미국, 의학박사)

- **항체**抗體
  외부에서 들어오는 병균을 막으려고 우리 몸이 만들어 내는 물질

한 번 크게 웃을 때,
우리의 몸에서 일어나는 일.

우리 몸에 있는 650개의 근육.
그중 231개가 동시에 움직이고,
15개의 얼굴 근육이 동시에 수축한다.

특히 광대뼈 부근의 근육은
전기적 흥분 상태가 된다.

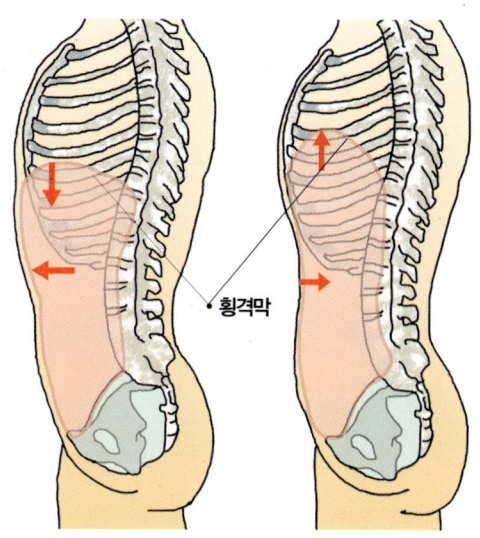

가슴에서는
횡격막의 상하 운동으로
폐의 구석구석까지 산소가 공급된다.

눈물을 흘리고
숨을 헐떡일 정도로
심하게 웃을 때,
우리의 몸과 마음은 상쾌해진다.

"20분 동안 웃는 것은
 3분 동안 격렬하게 노 젓는 것과
 운동량이 비슷하다."
-윌리엄 프라이(미국, 의학박사)

그리고 웃음의 반대,
화.

"화를 낼 때에는 몸 안에서
독소가 만들어진다.
만일 한 사람이 한 시간 동안
계속 화를 낸다면
80명을 죽일 정도의 독소가 만들어진다."
-엘머 게이츠(미국, 정신의학자)

나를 죽이는 화,
나를 살리는 웃음.

"기뻐서 웃는 것보다,
 웃으면서 기뻐지고 행복해지는 것이다."
-윌리엄 제임스(미국, 심리학자)

웃음의 효과

오늘 하루 몇 번쯤 웃었니? '일소일소一笑一少 일노일노一怒一老'라는 말이 있어. '한 번 웃으면 한 번 젊어지고, 한 번 화내면 한 번 늙는다'라는 뜻이지. 현대 의학에 따르면, 하루 15초씩 웃으면 수명이 이틀이나 더 연장된다고 해. 반대로 한 시간 동안 계속 화를 낸다면? 80명을 죽일 정도의 독소가 만들어지지.

하루 10분 이상 크게 웃으면 많은 에너지가 소비돼, 1년에 2kg 정도 살이 빠지는 다이어트 효과를 볼 수 있어. 웃을 때 생기는 편하고 밝은 마음은 면역 체계를 강화해서, 암과 세균에 대항하는 면역 세포들을 증가시키지. 스트레스를 이기는 힘이 강해지는 건 말할 것도 없어.

또 웃으면 마치 운동을 했을 때처럼 혈액 순환이 좋아져. 심장 박동수가 2배로 늘어나 혈액 순환을 증가시켜 주거든. 그래서 온몸 구석구석 신선한 산소를 운반하고, 또 이산화탄소를 바로 버릴 수 있게 해 주지.

물론 우리 몸의 근육 중 3분의 1이 움직인다니까 일부러 힘들이지 않고도 할 수 있는 최고의 운동이야. "요즘 무슨 운동하니?"라고 누가 물어 보면 "숨쉬기 운동"하지 말고, "웃기 운동"이라고 하면 어떨까?

인간의 사회적 웃음

사실 침팬지나 쥐, 개도 웃을 줄 알아. 신기하다고? 침팬지의 웃음소리는 사람과 달라서 우리가 모를 뿐이며, 쥐의 웃음소리는 사람의 귀에는 들리지 않아.

동물도 웃을 줄 안다는데 사람의 웃음이 뭐 그리 대단하냐고? 사람의 웃음은 동물들보다 훨씬 '사회적'이라고 말할 수 있어. 혼자 있을 때보다 다른 사람들과 함께 있을 때, 30배쯤 더 웃기 때문이야.

코미디나 만화를 볼 때, 또는 웃기는 말과 상황에 더 많이 웃을까? 그렇지 않대. 실은 별로 웃기지 않는 상황에서 더 많이 웃는대. 언제냐고? 다른 사람들과 함께 있을 때야.

　친구의 얘기가 별로 웃기지 않은 데도 무안해 할까 봐 웃기도 하고, 분위기가 서먹해지지 않게 하려고 웃기도 하고, 이래저래 상대를 배려하는 마음에서 웃게 되지. 일부러 웃는 웃음도 웃는다고 할 수 있냐? 그럼. 자연스러운 웃음과 똑같은 효과를 내지.

어른이 될수록 덜 웃는 이유

학자들의 연구에 따르면 인간은 일생 동안 50만 번 이상 웃는대. 어린이가 하루 평균 400번쯤 웃는 데 반해, 어른은 8번 정도 웃어. 그러니 어른이 되면서 웃음을 잃어 가는 거네?

　왜 어른이 되면 덜 웃는 걸까? 웃음은 상대방이 나에 대해 좋은 인상과 느낌을 갖게 하려고 지어 보이는 표정이라고 해. 그러니 더 높은 지위로 올라갈수록, 더 많은 능력을 가질수록 굳이 웃지 않아도 되는 거지.

　웃음은 만병통치약에 복까지 가져다준다는데 왜 웃음이 점점 줄어드는 걸까? '난 나이가 들더라도 꼭 웃고 살아야지' 하고 다짐하는 중이라고? 행복해서 웃는 것이 아니라, 웃기 때문에 행복해지는 거니까!

07
6%가 가진 능력

빨간 고추와 초록 고추를
구분할 수 없는 사람들.
그러나……

"그들은 정글에서도
위장 침투한 적군을
쉽게 알아차리곤 했다."
-2차 세계대전 기록 중에서

눈의 망막에 있는 시세포 중
서로 다른 색을 구별하는 것은
원뿔 모양의 원추圓錐세포.

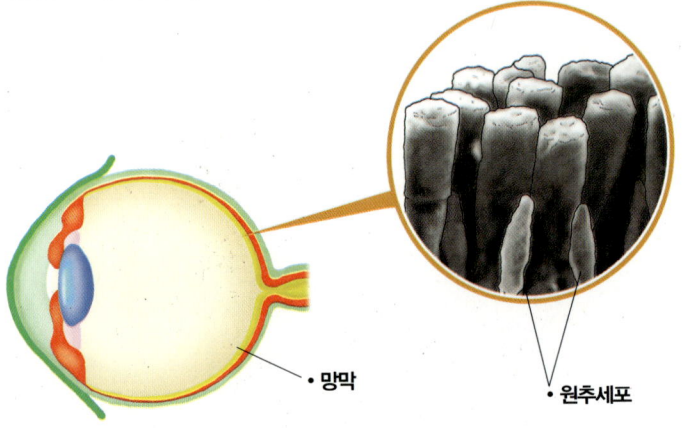

· 망막
· 원추세포

인간의 원추세포는 약 7백만 개.
인간의 눈은 이 원추세포들을 이용하여
적게는 4백만, 많게는 1천 6백만 가지의
색을 구분할 수 있다.

· **시세포**視세포
　빛에 의한 자극을 받아들여 사물을 보게 하는 감각세포.
　밝고 어두움을 느끼는 간상세포와, 색과 모양을 느끼는 원추세포 두 가지가 있다.

원추세포는 종류에 따라 각기 다른 색을 본다.

첫 번째, 긴 파장의 빛을 느껴
빨간색을 보는 종류.

두 번째, 중간 파장의 빛을 느껴
녹색과 노란색을 보는 종류.

세 번째, 짧은 파장의 빛을 느껴
파란색을 보는 종류.

그러나 이들 중 하나에 '이상'이 생기면?
빨간색과 녹색이 함께 있을 때
두 색깔의 차이를
제대로 느끼지 못하는
'적록 색각 이상자'가 된다.

이들은 인구의 6%를 차지한다.

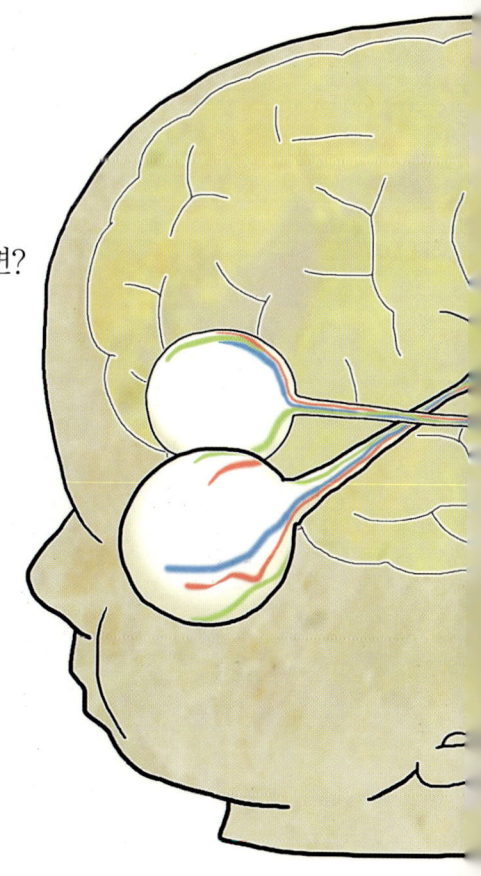

• **적록 색각** 赤綠 色覺
　빨간색과 초록색을 느끼는 감각

'적록 색각 이상자'가
세상의 빨간색과 녹색을 보는 방법.

1. 경험
신호등 색깔을 구분하는 법.
"신호등에서 사람들이
 건너가는 불이 녹색이다."

2. 학습
"장미 꽃잎의 색은 빨간색이다."

그리고……

3. '사물의 질감'과
'명암'의 미세한 차이로 구분한다.

2005년 케임브리지 대학교
생물학 연구팀이 준비한
미묘하게 다른 15가지의 녹색 톤.

실험에 참여한
색 구분이 정상인 사람들의 반응.
"모두 똑같은 녹색인데요?"

그러나 '적록 색각 이상자'들의 대답은?

"여러 가지 녹색이네요.
 조금씩 다르군요."

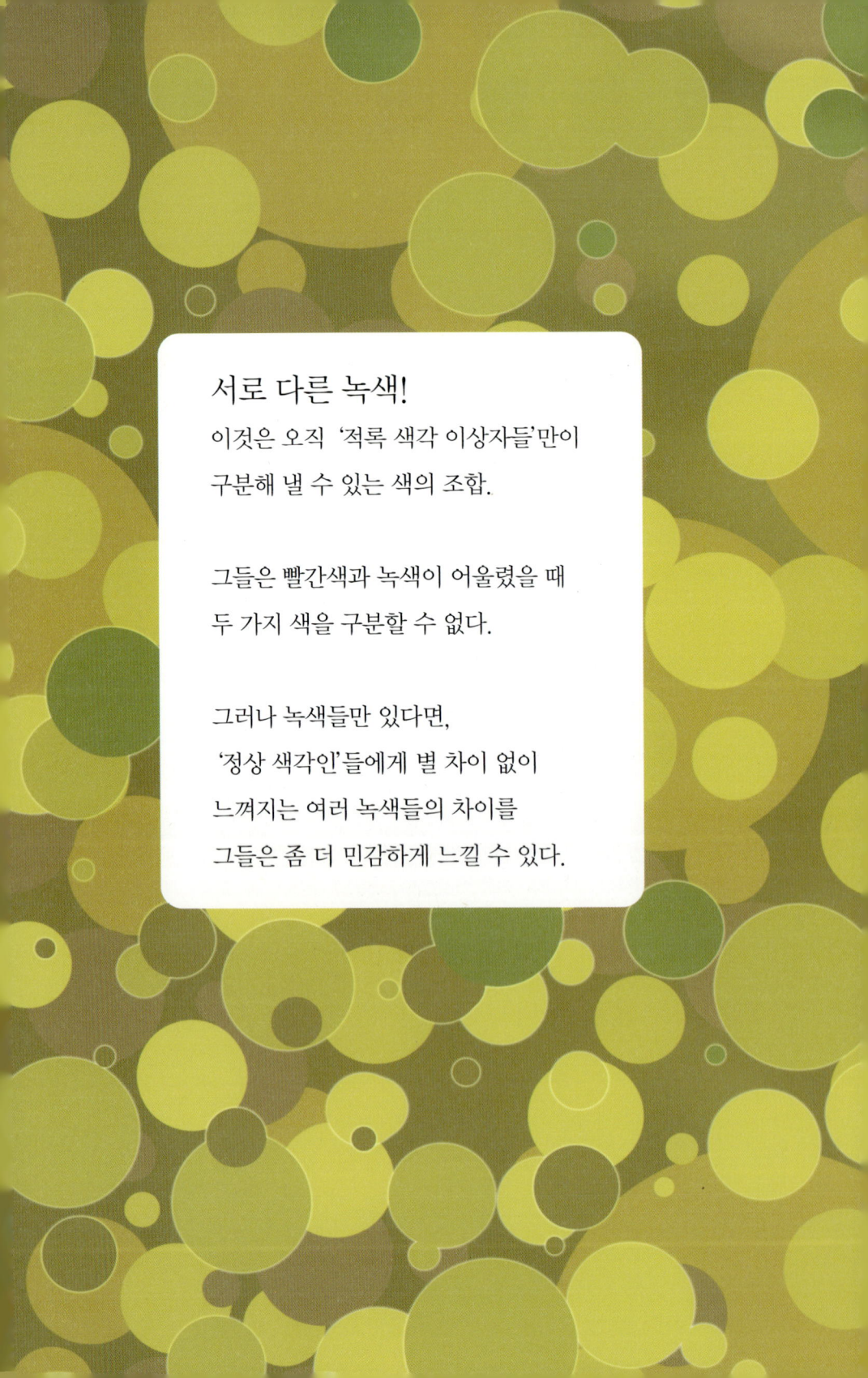

서로 다른 녹색!

이것은 오직 '적록 색각 이상자들'만이
구분해 낼 수 있는 색의 조합.

그들은 빨간색과 녹색이 어울렸을 때
두 가지 색을 구분할 수 없다.

그러나 녹색들만 있다면,
'정상 색각인'들에게 별 차이 없이
느껴지는 여러 녹색들의 차이를
그들은 좀 더 민감하게 느낄 수 있다.

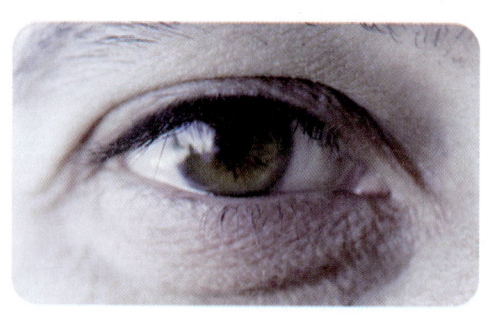

6%가 가진 능력.
그들은 색을 덜 보는 것이 아니라
'다르게' 본다.

본다는 것은?

우리가 본다는 것은 무엇일까? 태양이나 전등에서 나온 빛이 물체에 반사되어 우리 눈에 들어오는 걸 '보다'라고 해. 우리 눈에 들어온 빛이 지나는 길을 좀 더 자세히 볼까? 빛은 눈의 각막을 지나 수정체에서 꺾인 뒤 망막에 있는 시세포에 도착해. 시세포는 원추세포와 간상세포 두 종류로 되어 있지.

〈원추세포〉는 빨강, 파랑, 초록의 세 종류가 있어 물체의 색과 형태를 주로 본다면, 〈간상세포〉는 물체의 명암을 주로 인식하지. 또 밝은 곳에서는 원추세포가 활동하고, 어두운 곳에서는 훨씬 더 민감한 간상세포가 원추세포를 대신해서 빛을 느껴.

빛이 시세포에 도착하면, 시세포는 빛을 전기적 신호로 바꾸고 이 신호는 신경을 따라 뇌로 전달돼. 뇌는 다시 전기 신호를 영상으로 처리하지. 이 영상은 뇌에 저장되어 있던 정보들과 비교되어 '아름답다'거나 '짙은 빨강이잖아' 등의 판단 과정을 거치게 되는 거야.

지나친 시각 정보 의존은 금물

우리 몸은 외부에서 오는 정보를 어떻게 받아들일까? 정보라고 하면 문자와 그림을 먼저 떠올리게 되는데, 이들을 인지하려면 결국 빛이 있어야 해. 정보에는 빛 이외에도 소리, 냄새, 맛, 온도와 압력 등도 있으며, 이를 받아들이는 눈, 귀, 코, 혀, 피부를 〈감각기〉라 불러. 이들 감각기관이 받아들인 정보는 모두 뇌로 연결되지.

무엇으로 연결되냐고? 발전소에서 각 가정으로 전선이 연결되어 있듯, 감각기와 뇌를 연결하는 건 〈신경〉이라고 해. 뇌에는 12개의 감각신경이 있는데, 이중 8개가 눈으로 연결되어 있어. 우리가 외부로부터 받아들이는 정보 중 시각에 의존하는 비율이 얼마나 큰지 알겠지?

우리가 정보를 받아들이는 데 시각에 너무 많이 의존하고 있다는 것은 단점일 수도 있어. 많은 동물들은 눈 대신 후각이나 촉각, 심지어 청각을 통해 더 정확하고 빠르게 정보를 받아들이기도 하니까.

가만히 눈을 감아 봐. 그러면 생각이 더 잘되는 걸 느낄 수 있어. 그리고 시각만이 아닌 다른 감각 기능을 더 잘 활용해 보는 건 어떨까? 사물이나 상대방에 대해 더 많은 걸 '느낄' 수 있지 않을까? 눈과 다른 걸 보게 될 테고, 보는 것보다 더 잘 이해할 수 있을지도 모르지.

정상과 비정상

정보의 80% 이상을 시각을 통해서 얻기 때문에 시각에 대한 연구는 비교적 많이 진행되었어. 하지만 눈에서 뇌까지 이어지는 시각의 전달 과정에 대한 연구들이 인간의 시각 능력에 대해 다 설명하지는 못해.

눈을 감고도 마음 속에 영상을 만들어 낸다든지, 꿈을 꿀 때도 눈이 매우 활발하게 움직이는 것, 그리고 앞에서처럼 색각 이상자들이 보여주는 능력에 대해서 밝혀 내고 있지 못하거든.

그런 만큼 색각 이상자들을 색맹이라고 부르는 등 '비정상'으로 보는 것에는 무리가 있지 않을까? 정상이라 불리는 사람들과 달리 그들이 가진 특별한 능력을 설명할 수 없는 한 말이야. 그러니 비정상이라는 말보다는 '다르게 보는' 것이라고 생각할 수도 있지 않을까?

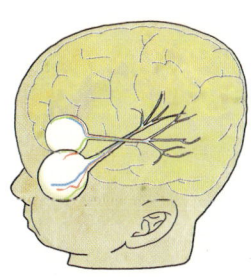

08 나를 지켜 주지만, 버려지는 것들

원제 나의 가장 나중에 지닌 것들

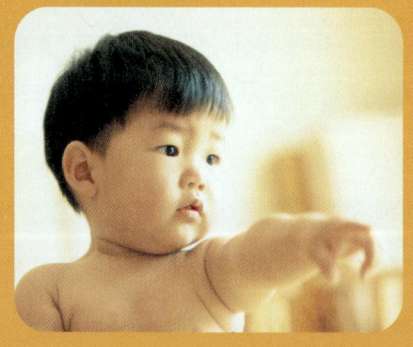

뼈와 근육, 피부, 모발 등
우리 몸을 이루고 있는 여러 가지 것들.

그리고
인체가 위험할 때 만들어져
인체를 지켜 주고 나서는
자연스럽게 버려지는 것들……

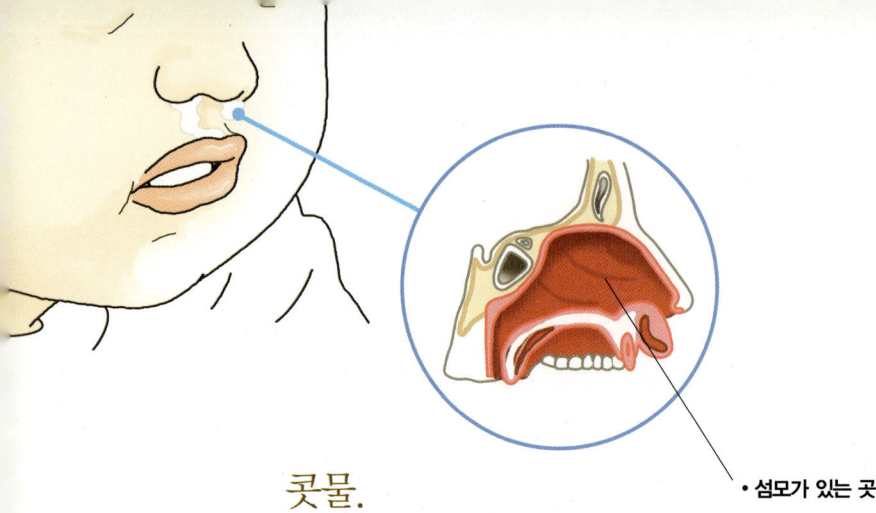

• 섬모가 있는 곳

콧물.

1만 가지의 냄새를 구별하는 인간의 코.
콧속에 외부 침입자가 많아지면
섬모에 늘어나는 끈적이는 액체, 콧물.

콧물은 콧속에 들어온
먼지, 세균, 곰팡이, 바이러스를
달라붙게 한다.
그리고 '리소자임'이라는 효소로
세균과 바이러스를 죽인다.

콧물과 병균 침입자가
함께 굳어진 덩어리는
코딱지가 된다.

• **섬모**纖毛
가늘고 짧은 털 모양의 분홍색 세포기관.
콧속의 섬모는 1분에 250번이나 운동하며,
공기 속의 먼지를 걸러 준다.

침.

하루에 사람은 1~2리터,
소는 무려 190리터를 흘린다.

밥을 오래 씹으면 단맛이 나는 것은
침의 소화 작용.
쉽게 말할 수 있는 것도
이 녀석의 도움.

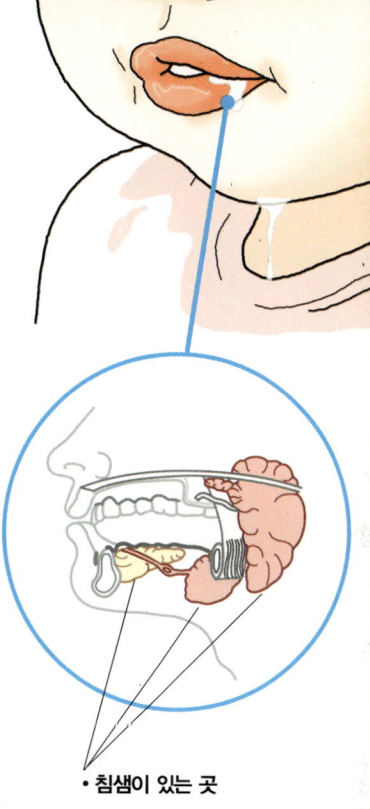

• **침샘이 있는 곳**

침은 10가지 이상의
효소, 비타민, 무기질 함유.
통증을 줄이는 효과가
모르핀의 6배에 달하는
'오피오르핀'도 들어 있다.

혀가 맛을 느끼게 보조하고
수많은 세균과 투쟁하며,
24시간 쉬지 않고 일하는 침.

• **모르핀**
　마취제나 진통제로 쓰이는 화학 물질

땀.
99%의 물과 약간의 소금,
단백질 노폐물, 암모니아로 구성된 물질.

발바닥에는 1㎠당 620여 개,
등에는 1㎠당 64개,
우리 몸 전체 약 2백~3백만 개의 땀샘에서,
한 시간에 0.6~0.7㎖
하루 500~700㎖가 배출된다.

이것이 흘러나오면서
납, 카드뮴 등의 중금속이 든
나쁜 성분들은 몸 밖으로 배출되고,
과열되기 쉬운 인간의 몸을 식혀
항상 36.5℃를 유지시켜 준다.

눈곱.
눈 가장자리의 피부세포와
세균, 먼지, 약간의 지방분,
그리고 눈물로 이루어진 물질.

갓난아기는
눈물이 배출되는 콧속의 통로가 좁아
이것이 유난히 많이 만들어진다.

세균이나 바이러스가 침입하면
색깔과 양으로,
몸의 이상을 신호로 알려 주는 눈곱.

굳은살.

우리 몸에서 뼈가 튀어나온 부위에
주로 생긴다.

손이나 발처럼
외부의 자극이 계속되는 부위에,
뇌가 내리는 지시에 따라
죽은 세포가 계속 쌓이면서,
두꺼워지고 딱딱해지는 피부.

마찰로부터 몸을 보호하고,
수분의 증발을 막기 위해
우리 몸이 만들어 내는
굳은살.

• 굳은살이 주로 생기는 곳

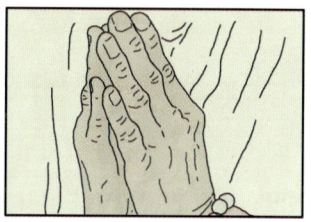

내 몸을 지켜 주고,
나중에는 버려지는 것들.
그 속에는 나만의 소중한 인생도 담겨 있다.

콧물, 천진난만한 어린 시절의 기억.
침, 고요한 순간의 긴장.
땀, 노동의 선물.
눈곱, 평화로운 휴일의 늦잠.
굳은살, 인생의 동반자.

콧물과 코딱지

수수께끼 하나 낼까? 내려올 땐 천천히 가지만 올라갈 땐 빠른 것은? 엘리베이터도, 롤러코스터도 아닌 바로 콧물이야. 콧물 얘기 해 볼까? 코로 들이마신 공기는 기관지를 지나 허파(폐)로 들어가 신선한 산소를 건네주고 이산화탄소를 넘겨받아서 나오지. 들이마신 공기 중에는 먼지와 세균들도 만만찮게 있는데, 폐로 그대로 가게 내버려 둬선 안 돼. 코를 지나는 동안 누군가 이들을 막아야 해.

콧속에는 아주 작은 털(섬모)이 무수히 나 있어서 살랑대며 먼지와 세균을 잡아채지. 물론 적당히 끈끈해야 잘 잡아채겠지? 코딱지는 끈끈한 점액에 먼지와 세균이 달라붙어 덩어리진 거야.

이것이 보통의 상황에서 코가 대처하는 방법이라면, 적(세균)의 공격 규모가 클 때는 어떻게 해야 할까? 우리 몸도 군사를 늘려 철통 같은 수비를 해야 해. 바로 콧물이야. 만일 콧물이 난다면 내 몸 안에서 상당히 큰 전투가 벌어지고 있음을 눈치 채야 한다고.

침, 눈물, 눈곱

적은 두 개의 콧구멍으로만 공격해 오는 건 아니지. 우리 몸에서 가장 큰 구멍인 입은 가장 공격하기 쉬운 길이지. 하지만 걱정 마. '이번에도 물귀신 작전!'을 외치며 침이 나서서 온몸으로 막아 내고 있는 걸. 침에 든 효소에는 강력한 살균 기능뿐만 아니라 통증을 줄여 주는 기능도 있어.

눈은 아주 섬세하고 예민한 단백질로 이루어진 '각막'이라는 얇은 막으로 이루어져 있어서, 비누나 샴푸가 조금 강하기만 해도 눈이 금방 충혈 되지. 이물질이나 약품이 들어가지 않도록 신경을 써야 해. 물론 하루 24시간 긴장할 필요는 없어. 눈물이 알아서 이물질을 내보내니까. 비상사태가 일어나면 눈곱을 만들어 신호를 보내 주고 말이야.

콧물과 침, 눈물과 눈곱은 최전방에서 적과 싸우는 전투병인 셈이야. 항상 버려지면서도 늘 새롭게 만들어져 우리 몸을 지켜 주는 이것들에, 한번쯤은 '수고 많았어' 하고 고마움을 표시하는 건 어떨까?

땀과 굳은살은 훈장

우리 몸에 있는 또 다른 구멍, 땀구멍은 안에서 밖으로 통하는 구멍이야. 웬만한 쓰레기(노폐물)는 오줌으로 처리하지만, 오줌을 만드느라 너무 바쁜 신장을 도와 땀에 노폐물을 섞어 내보내 주지.

그런데 땀을 비 오듯 흘려 본 적 있니? 심한 운동이나 힘든 일을 하면 체온이 올라가지. 땀을 증발시켜 체온을 낮추어야 하는데, 땀구멍을 최대한 크게 열어야 하니까 땀이 줄줄 흐르게 되는 거야.

한여름에는 가만있어도 땀이 줄줄 흘러내리지만, 보통은 열심히 일한 다음에나 흘릴 수 있는 게 땀이지. 일한 흔적은 흘린 땀의 양만큼이나 굳은살로도 남게 돼. 일을 할 때 많이 사용하는 신체 부위에는, 반복되는 강한 자극에서 속살을 보호하기 위해 굳은살이 생기니까.

그런데 생각해 보면 농사를 짓고, 집을 짓고, 도로를 내고, 공장에서 물건을 만드는 등…… 몸을 써서 일하는 사람들이 없었다면 우리의 의식주 자체가 불가능하지. 그래서 땀과 굳은살은 '빛나는 노동의 훈장'이라고도 해.

08 나를 지켜 주지만, 버려지는 것들

09

10,999,960 – 무의식

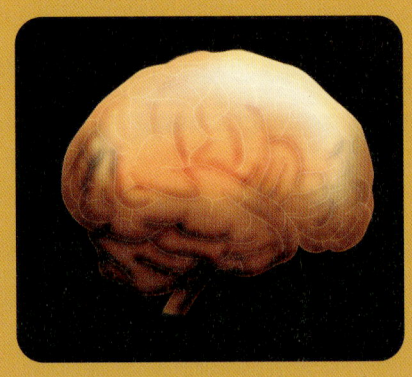

뇌는 받아들였지만,
우리가 의식하지 못하는
매초 10,999,960개의 정보.
그것들은 어디로 갔을까?

혹시……
내가 알지 못하는 '또 다른 나'는
10,999,960개의 정보를
기억하고 있지는 않을까?

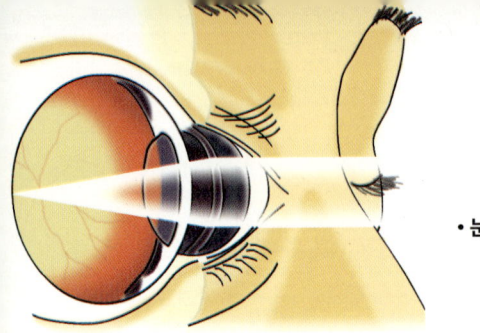
• 눈

우리 몸의 감각기관들이
매초 뇌로 보내는 정보의 양은?

눈에서
10,000,000개(천만 개)

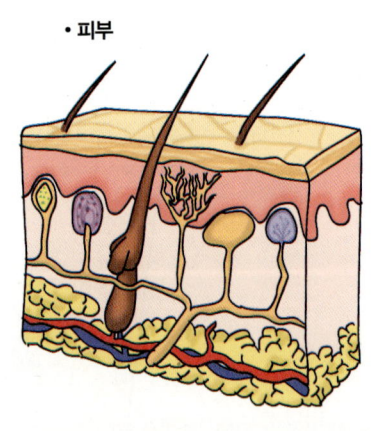
• 피부

피부에서
1,000,000개(백만 개)

그리고 귀에서
100,000개(십만 개)

• 귀

모두 합쳐
매초 대략 11,000,000(1천 1백만) 개 이상의
정보가 뇌로 전달된다.

그러나 이중에서
우리가 의식적으로 처리할 수 있는 정보는
매초 최대 40개.

우리는 뇌가 실제로 받아들인 정보의
'28만분의 1'만을 지각한다.

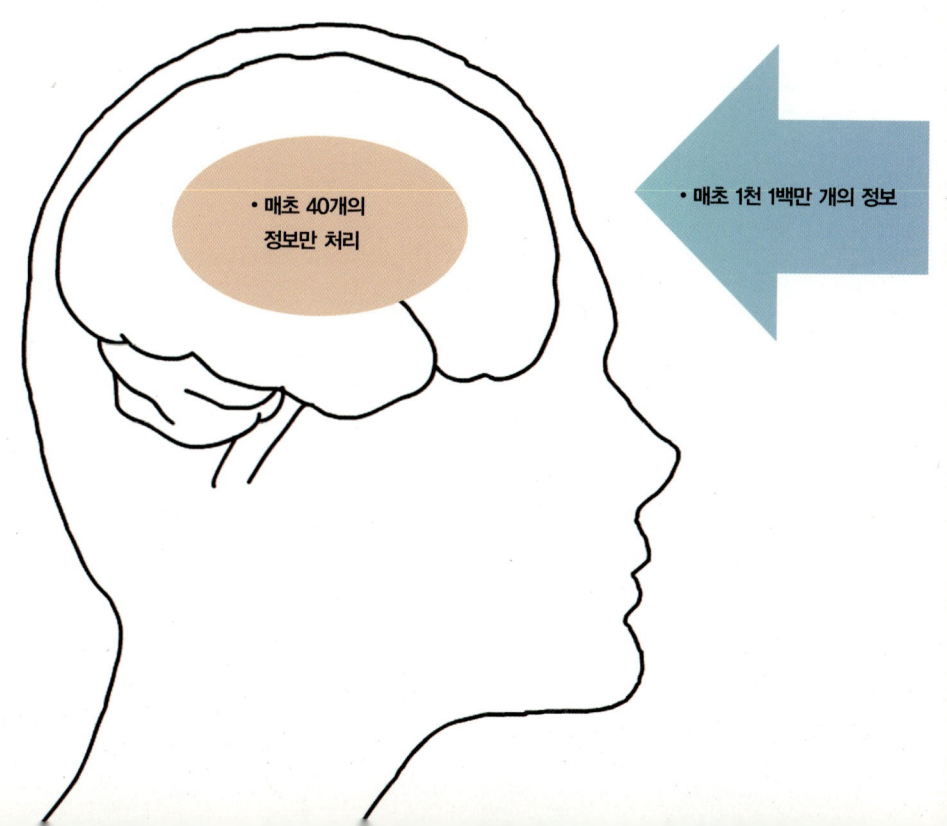

받아들였지만
의식하지 못한 정보
10,999,960개.

그것들은 어디로 갔을까?
사라졌을까?

의식 세계.
그리고 기억하지 못하지만,
의식 저 밑으로 버려둔
무의식 세계.

"의식이 깨어 있는 삶에서 행하는
수많은 행위들은 사실,
무의식에 의해서 지배된다."

놀이터나 운동장에서 뛰어놀 때,
자극을 받고, 반응을 하는
아주 짧은 순간에

우리의 뇌는
무의식에서 건져 올린 정보에 의존해
어떤 행동을 할지 본능적으로 선택한다.

사람의 판단과 감정, 행동을 지배하는
무의식은,

우리가 의식하지 못했던
10,999,960개의 정보들까지도
활용한다.

매 순간 40개의 정보.
그것은
생각하고 판단할 수 있는,
내가 알고 있는 나.

매 순간 10,999,960개의 정보.
그것은 앞으로의 나를 움직이게 될 나.

동시에
내가 알지 못하는
또 다른 나.

의식과 무의식

눈, 코, 귀 등의 감각기를 통해 외부로부터 받아들인 정보들 중에서 뇌가 선택하여 처리한 것, 즉 지각하고 기억하는 것을 '의식'이라고 해. 1천 1백만 개의 정보 중 단지 40개의 정보만 의식으로 처리된다고 해.

그렇다면 선택된 것 이외의 정보는 어떻게 될까? 그냥 사라지는 것일까? 그렇지 않아. 소멸하지 않고 의식 밖으로 밀려 나서 대기하고 있지. 그중 어떤 것은 필요에 따라 언젠가는 다시 의식으로 떠오르게 될 가능성을 가지고 있어. 의식 밖에 밀려나 있는 정보들이 만들어 내는 세계를 〈무의식의 세계〉라고 해.

우리들은 자신의 '행동'을 의식할 수는 있지만 그런 행동을 하게끔 만드는 욕구나 감정에 대해서는 의식하지 못할 때가 많아. 이런 마음의 상태를 넓게 〈무의식〉이라고 하지.

예컨대 어떤 친구에게 화를 낸 적이 있는데 좀 지나치다 싶을 정도로 화를 냈다고 하자. 화를 냈다는 사실이나 화를 낸 이유에 대해서는 알고 있으니까 의식이 될 수 있어. 그런데 좀 지나치다 싶을 정도로 화를 냈는데 그 이유는 잘 모르겠단 말이야? 바로 이걸 무의식이라고 해. 이처럼 무의식은 지각 작용과 기억 작용이 없는 현상이야.

무의식의 영향

그런데 무의식이 왜 문제가 될까? 무의식이 바로 일상생활의 행동에 중요한 영향을 주고 있기 때문이지. 무의식에 대하여 독특하게 연구한 사람은 S.프로이트라는 학자야. 무의식은 본능적 충동이며, 강하게 억압되어 있다가 신경 증상이나 특수한 성격 등으로 표현된다고 했어.

또 프로이트의 영향을 받은 융이라는 학자는, 무의식은 개인만 가지는 게 아니라고 주장하기도 했어. 집단도 오랜 세월 체험하고 공유하게 된 무의식이 있다는 거지.

　최근에는 우리가 인식하기 10초 전에 뇌가 무의식적으로 결정을 내린다는 연구 결과가 발표된 적이 있어. 어떤 것을 판단하고 행동을 결정하는 데 우리의 자유로운 의지가 아닌 무의식이 개입한다는 뜻이야.

나는 누구인가?

의식으로 처리되지 못하는 나머지 정보들이 너무 아깝다고? 다행히 어떤 것은 필요에 따라 다시 의식으로 떠오르게 될 가능성을 가지고 있다고 해.

　어떻게 하면 될까? 무엇보다 생각의 힘이 중요해. 가만히 눈을 감거나 큰 숨을 쉰 다음, 자신한테만 집중해서 생각하는 훈련을 하면 돼. 그렇게 하다 보면 무의식의 세계로 넘어가 버릴 낱낱의 정보들이 생각 안으로 들어와 내 의식 속에 자리를 잡게 되지.

　의식보다 드넓은 무의식의 세계. 내가 알고 있는 '나'가 나의 전부일까? '나'를 알아 보기 위해 더 열심히 노력하는 건 어때? '나는 공부를 잘할 수 있을까?' 하는 생각이 들었다면, 생각만으로는 나를 알 수 없지. 공부를 해 봐야 잘할 수 있는지 없는지를 알 수 있잖아? 자신을 발견하려고 노력해 봐. 그러다 보면 그 덕분에 훌륭해진 자신과 만날지도 모르니.

10 그들에 대한 몇 가지 오해

흉한 발과 긴 팔,
원숭이 같은 턱.
'진화에 실패한 종'.

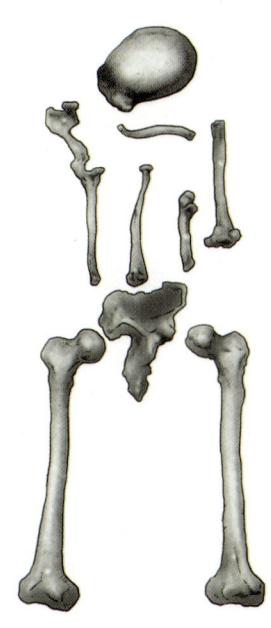

1856년 독일 네안데르 계곡에서 발견된
노인의 뼈.

"그들은 야만적이며 미련한
 반 인간, 기형 동물이다."
-마르슬랭 불(프랑스 인류학자)

그후 오랫동안
야만인으로 알려졌던 존재,
20만 년 전에 탄생한 네안데르탈인.

하지만
시간이 흐르면서
점차 밝혀지는 사실들.

지금의 인류보다 더 큰 뇌의 용량.

언어 구사를 가능하게 하는
입안 '설골'의 존재.

두 번의 빙하기를 견뎌 냈던
육중한 근육질의 몸.

"그렇다면 그들이 인류의 조상이 아닐까?"

• **설골**舌骨
 혀뿌리에 붙어 있는 'V'자 모양의 작은 뼈

그러나
네안데르탈인의 DNA 염기서열을 분석하던
한 과학자가 결론 내렸다.
"그들은 우리의 조상이 아니다!"
−스반테 페보(독일, 분자유전학자)

DNA 염기서열을 비교한 결과
현재 인류와는 다른 종류의
'호미니드(직립보행 영장류)'임이 밝혀진다.

• 염기서열
유전자를 결정하는 염기들을 순시대로 붙여 놓은 것.
염기서열이 달라지면 유전자도 달라진다.

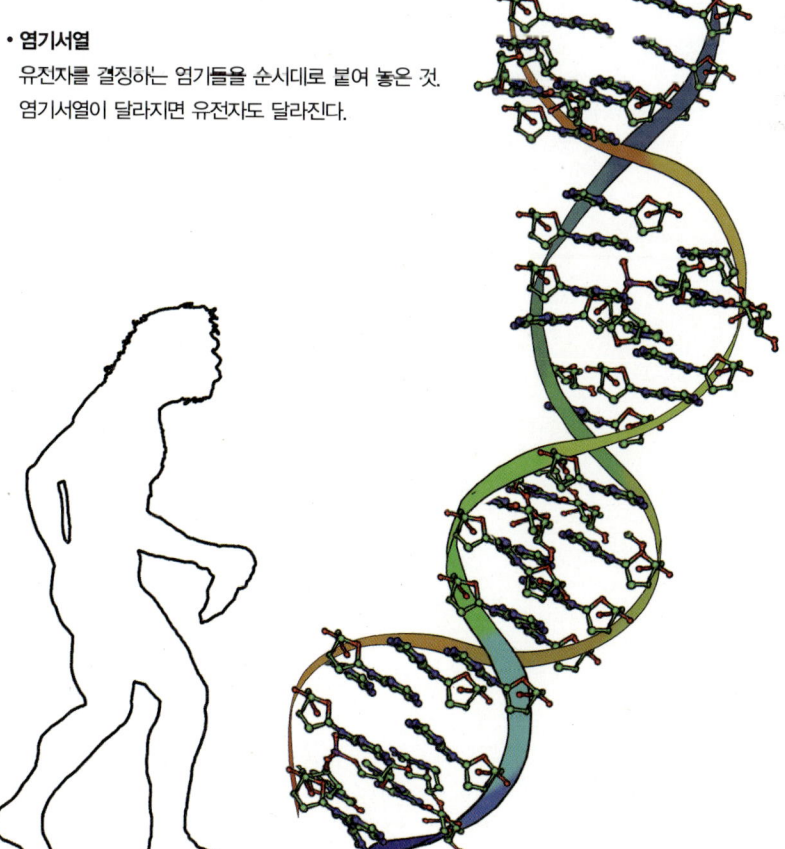

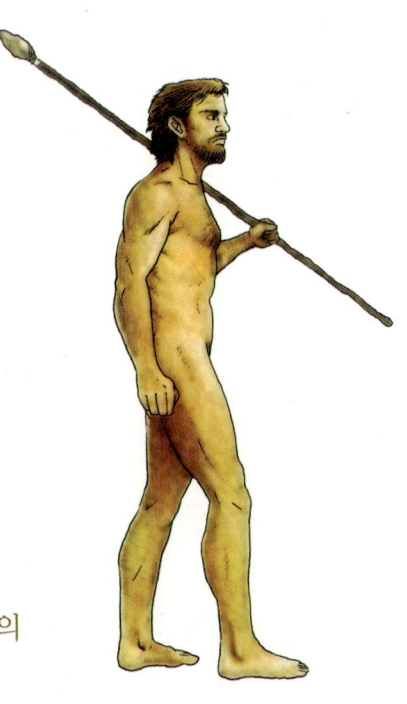

현재 인류의 조상
'호모 사피엔스'.

그리고
또 다른 호미니드,
'네안데르탈인'.

동시대를 살았던 두 종류의
호미니드.

하지만
호모 사피엔스가 아프리카를 떠나
유럽으로 이동하면서,
유럽에 살던 네안데르탈인은
급격히 사라져 버린다.

"그들에게 무슨 일이 있었던 걸까?"

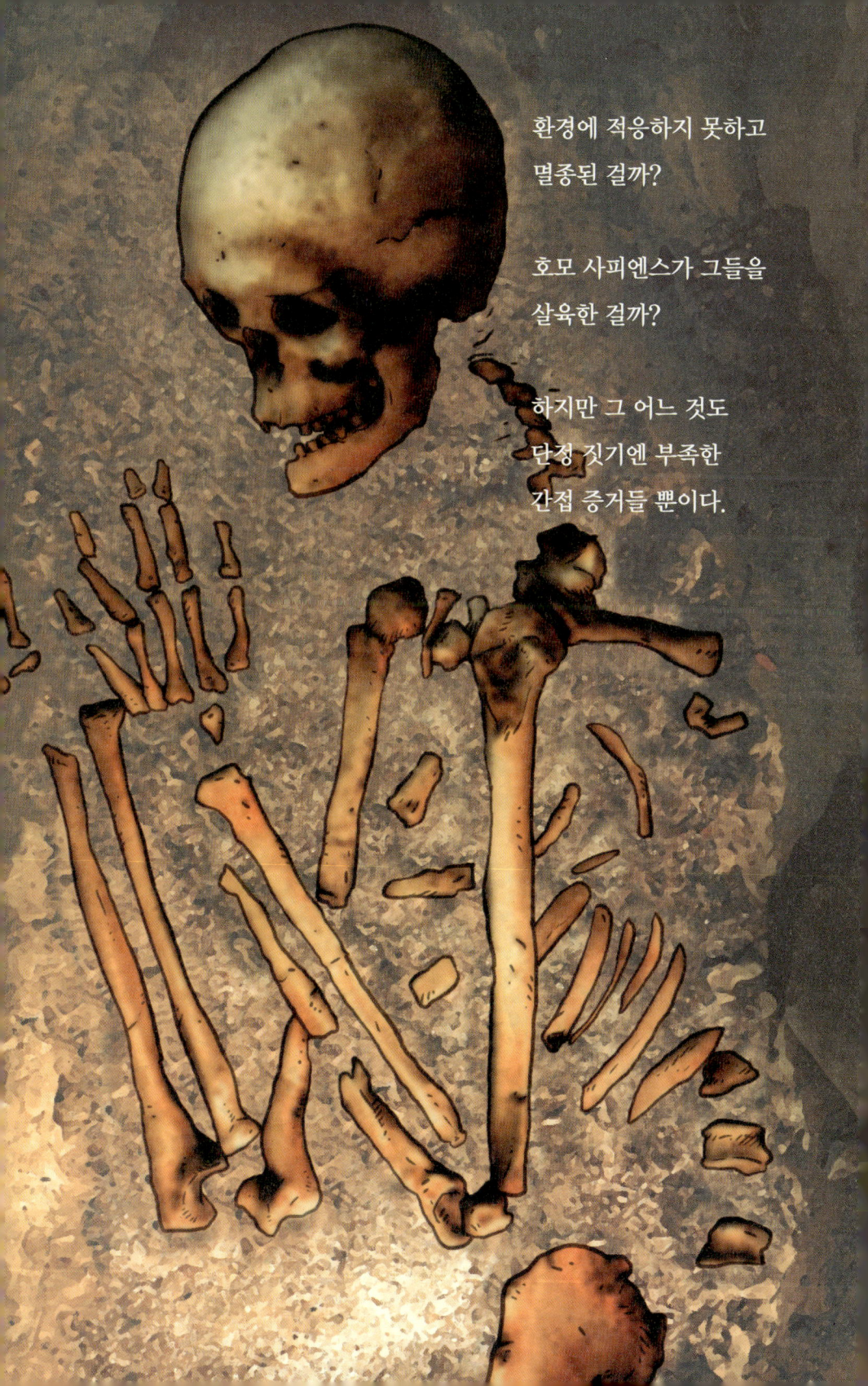

결국
3만 년 전 네안데르탈인은
완전히 자취를 감추고,

이후
호모 사피엔스, 단 한 종만 살아남아
현재의 인류가 된다.

사람들은 궁금했다.
"네안데르탈인도 짐승이 아닌
'인간'이었을까?"

하지만
반대로 생각해 보면 어떨까?

네안데르탈인에게 호모 사피엔스는
짐승이 아닌 '인간'으로 보였을까?

인류의 진화

호모 사피엔스Homo sapiens는 '지혜가 있는 사람'이라는 뜻이야. '현대 분류학의 아버지'라고 불리는 스웨덴의 식물학자 린네가 현생인류의 종에 붙인 명칭이지. '호모'는 속명屬名이고, '사피엔스'는 종명種名이야.

호모 하빌리스(도구를 쓰는 사람), 호모 에렉투스(똑바로 선 사람), 호모 사피엔스(지혜로운 사람) 등 호모가 붙은 경우는 모두 생물학적으로 '사람속'에 속하는 인류의 조상이라는 뜻이야.

인류는 어떻게 진화해 왔을까? 대략 오스트랄로피테쿠스에서 시작하여 호모 하빌리스, 호모 에렉투스, 호모 사피엔스로 진화해 왔다고 보고 있어. 현생인류는 호모 사피엔스에서 더 진화한 '호모 사피엔스 사피엔스'라 불러. 역사 시간에 배우게 되는 북경인과 자바인은 호모 에렉투스에 속하고, 크로마뇽인은 호모 사피엔스에 속하지.

호모 사피엔스

호모 사피엔스는 아프리카에서 태어나, 5만~10만 년 전 무렵에 중동, 아시아, 유럽 등으로 옮겨왔으며, 오늘날 현생인류의 조상이 되었어.

머리뼈의 크기가 $1,350cm^3$에 이르며, 작은 이빨과 턱, 직립보행에 완전히 적응한 팔과 다리 등을 갖고 있어. 턱과 이빨이 작아지면서 튀어나와 있던 입 부분은 들어가 얼굴도 전체적으로 반듯한 모양으로 바뀌었고, 이마도 거의 수직으로 곧은 모양이야.

호모 사피엔스는 언어와 기호를 사용했으며, 지역마다 독특한 석기문화를 발달시켰어. 이들은 사냥감이나 물을 얻기 위해 강과 가까운 곳의 동굴에서 살면서 불을 능숙하게 다루었지. 종교와 예술 의식도 발달시켰는데, 시체를 매장했으며, 동굴 벽에 다양한 동물이나 모양을 그리거나 새겨 놓기도 했어.

네안데르탈인과 호모 사피엔스

유럽과 아시아 지역에 폭넓게 분포했던 네안데르탈인은 호모 사피엔스와 매우 유사한 문화적 특성을 보여. 그래서 고인류학자들은 네안데르탈인을 호모 사피엔스와 유사한 종으로 봐야 할지, 다른 독립된 종으로 봐야 할지를 둘러싸고 오랜 기간 논쟁했어.

초기에는 별개의 종으로 보았으나, 한때 호모 사피엔스에서 갈라져 나간 종으로 보는 시각이 우세해진 적도 있었어. 하지만 DNA 분석 결과 전혀 다른 특성을 지니고 있다는 연구 결과가 나왔어. 그것을 근거로, 서로 다른 종으로 봐야 한다는 학설이 다시 유력해지고 있어.

어쨌든 네안데르탈인은 호모 사피엔스보다 더 큰 두뇌와 건장한 체격을 자랑했고, 한때는 유럽에서 공존했어. 그런데도 어떻게 '우리, 호모 사피엔스의 후예만 살아남게 되었는가' 하는 점은 숱한 궁금증을 남기지.

건장한 그들은 육식 위주의 생활을 하고 있었을 테니 현생인류가 환경에 더 잘 적응했던 것일까? 아니면 둘 간에 전쟁이 벌어졌던 걸까? 만약 생존 경쟁에서 밀린 거라면 어떤 생존 경쟁이었을까?

지구상에서 지혜를 가지고 자연을 이용한 생물체는 우리 인간이 유일한 줄로만 알았어. 그런데 직립보행을 하고 도구를 썼던 다른 존재가 살았었다니! 너는 그 사실을 어떻게 생각하니?

알레그로 비바체,
allegro vivace
아주 빠르고 힘차게

노인과 지렁이

직선과 곡선

내 텃밭에서 자라는
식물은 무죄

빈 공간

나사 그리고 나선

11 노인과 지렁이

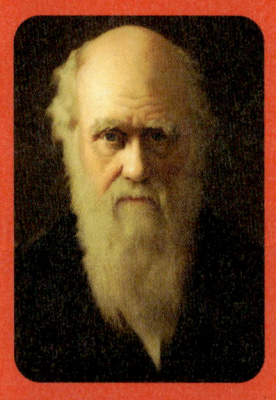

노인의 마음을 사로잡은
이빨도 없고, 눈도 없는
무척추 동물, 지렁이.

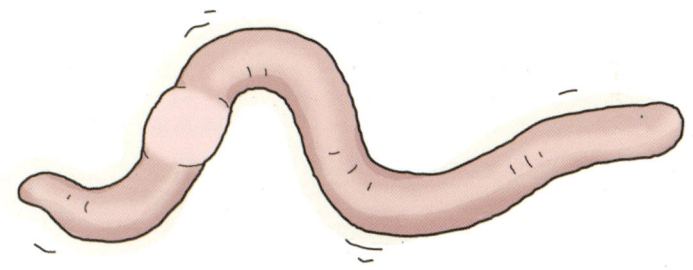

'지렁이도 사람처럼 소리를 들을 수 있을까?'
'지렁이도 사람처럼 감정이 있을까?'
'지렁이도 사람처럼 생각을 할까?'
'지렁이도 사람처럼 맛을 느낄까?'
'지렁이도 사람처럼 냄새를 맡을까?'

노인의 지렁이에 대한 궁금증은
한두 가지가 아니었다.

노인의 아들은 지렁이 왼쪽에서 바순을 불었고,
노인의 손자는 지렁이 오른쪽에서 호루라기를 불었다.
노인은 크게 소리도 질러 보았다.
반응이 전혀 없다.

'지렁이는 소리를 듣지 못한다.'

노인은 지렁이들이 담겨 있는 상자를
피아노 위에 두고 건반을 눌렀다.
그러자 지렁이는
땅속으로 숨어 버렸다.

'지렁이는 진동을 감지할 수 있다.'

혹시……
'지렁이도 사람처럼 생각할 수 있을까?'

노인은 짝짓기를 하고 있는
한 쌍의 지렁이에게 불빛을 비추었다.

아랑곳하지 않고,
짝짓기에만 열중한다.

'그들의 열정은 대단해서
 빛을 두려워 하는 본능마저 잊을 정도다.
 지렁이에게도 감정과 지능이 있는 것 같다.'

이렇게 지렁이에게 빠져 있는 노인을
사람들은 비난했다.

"저 노인네, 드디어 단단히 미쳤군."
"차라리 이렇게 말하시지,
  지렁이가 인간의 조상이라고! 하하하."

'나는 똑똑한 사람은 아니다.
 하지만 사람들이 평소에 관심을 갖지 않는 것들을
 발견하고 세심하게 관찰하는 데는 재주가 있다.'

노인은 지렁이에 대한 연구를 계속했다.

'지렁이는 땅속을 기어 다니며
땅속에 굴(길)을 만든다.
이 굴로 공기가 지나가고 빗물이 흘러
식물이 잘 자랄 수 있게 한다.'

'흙을 먹고 사는 지렁이는
식물의 부스러기를 흙과 함께 먹는다.
소화되고 남은 찌꺼기 지렁이 똥은?
식물에게 좋은 거름이다.
단단하고 거친 흙은 지렁이의 몸을 거쳐
잘게 부수어진다.'

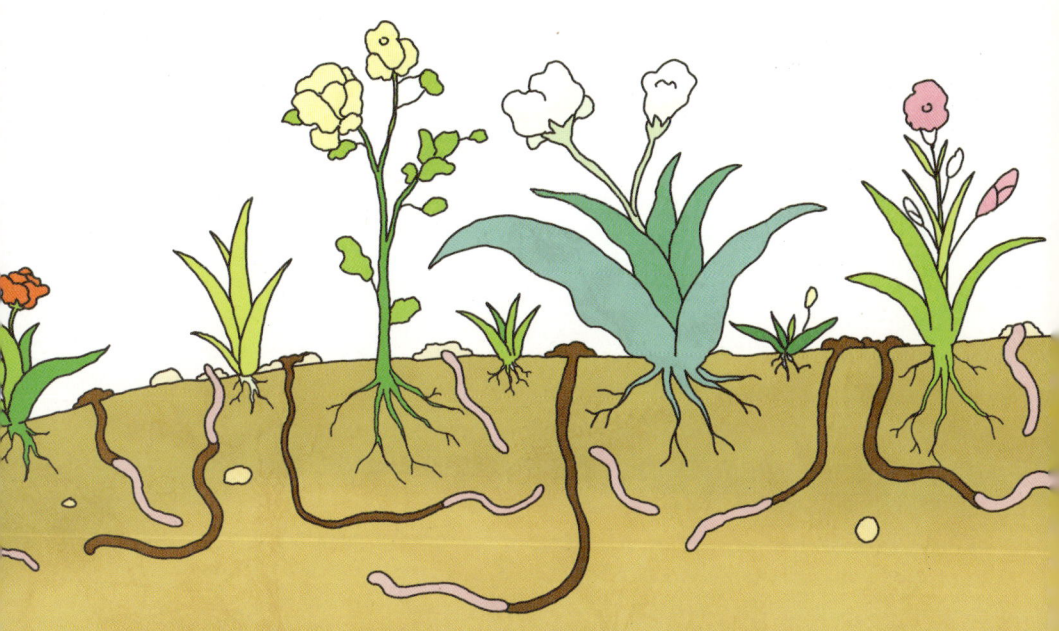

1881년 72세의 나이로
지렁이 연구 40여 년 만에
〈지렁이 활동을 통한 유기토양의 형성〉발표

지렁이가 지능적일 뿐만 아니라
인간에게도 유익한 존재임을 증명한
인류 최초 보고서.

"쟁기는 인간이 발명한 것 중에서
가장 오래되고 값진 것이다.
하지만 인간이 나타나기 오래 전부터
지렁이는 이미 땅을 갈아엎었고
앞으로도 계속해서 갈 것이다."
-〈지렁이의 활동을 통한 유기 토양의 형성〉 중에서

• **유기 토양**
생명체의 생명 활동으로 만들어진 유기물질이 풍부한 흙.

지렁이 연구를 끝으로
이듬해 봄, 세상을 떠난 노인
찰스 다윈.

1859년 〈종의 기원〉을 발표해
세상을 발칵 뒤집어 놓았던 그가
말년에 심혈을 기울인 것은
보잘것없는 지렁이.

"보잘것없는 것들을 연구하고
 그것들의 가치를 발견하는 것은
 인생의 큰 기쁨이었다."
―찰스 다윈 영국, 1809-1882

다윈의 어린 시절

다윈은 어린 시절, 곧잘 수업을 빼먹고 숲에서 돌이나 벌레를 모으는 데 열중했대. 그의 아버지는 그가 큰 인물이 될 거라고는 생각지도 않았고, 때때로 실망해서 이렇게 야단쳤지. "개하고나 놀고, 쥐 잡는 일 같은 것만 좋아하니 너는 커서 가족들 망신이나 시키는 놈이 될 거야."

위대한 과학자의 어린 시절도 이렇게 부모님의 잔소리와 실망이 있었다니 참 흥미로운 사실이지? 또 다윈은 8세 때의 자신을 회상하며 이렇게 말했다고 해. "나는 조개껍데기, 도장, 우편물, 동전, 돌멩이 등 뭐든지 모으기를 좋아했다. 그래서 체계적인 자연 과학자가 될 수 있었다."

비글호와 다윈

그는 22세의 나이에 영국의 탐험선 비글호를 타고 5년간에 걸쳐 태평양, 대서양, 인도양을 거치면서 관찰과 채집을 하며 기록을 남겼어. 특히 갈라파고스 섬에서의 관찰과 의문은 '진화론'의 기초가 되지.

처음 다윈이 갈라파고스 섬에 도착했을 때, 그는 바싹 마른 잡초와 나무, 가시투성이 선인장들을 보고 실망했어. 그러나 한 달 동안 이 섬을 돌아보면서 신기한 것들을 발견하고는 점차 섬에 반해 갔지. 다윈은 새의 부리가 모두 다른 것에 놀랐어. '비슷한 환경에 사는데 왜 부리가 다 다를까' 하고 의문을 갖게 됐어.

다윈이 살던 시기는 신이 생명을 창조했다는 믿음에 큰 의문을 갖고 있지 않던 때야. 하지만 다윈은 달랐어. 갈라파고스 제도는 많은 섬들이 서로 가까이에 무리를 지어 있었는데, '신이 일부러 섬마다 서로 다른 부리를 가진 새들을 만들 이유가 있을까? 하는 질문을 던졌던 거야.

진화론이란?

다윈의 결론은 이랬어. 생물은 신이 한 번에 창조했다기보다 전에 있던 생물체로부터 진화, 발전되어 왔다는 주장이야. 새로운 종으로 진화하도록 하는 힘은 〈자연선택〉이라는 거지. 살아남는 데 도움이 된 어떤 특징은 자손에게 이어져서, 원래의 종과 다른 새로운 종이 생겨나게 된다는 거야.

그 새로운 종에서 다시 또 다른 종이 생겨나고…… 세월이 흐를수록 새롭게 나타난 종은 원래의 종과 많이 다르며, 새롭게 나타난 종끼리도 점점 달라져 가게 돼. 이런 견해를 〈진화론〉이라 불러.

다윈의 진화론은 과학적 사고방식을 확산하는 데도 크게 기여했어. 당시는 믿음이나 증명할 수 없는 사실을 다루는 종교적인 사고방식이 지배적이었어. 하지만 종의 기원을 연구하기 위해서는 사실, 측정, 증거 등을 다루는 과학적 사고방식이 필요했거든. 진화론을 둘러싼 논쟁을 거치는 동안 과학계에도 과학적인 사고방식이 자리 잡아갔지.

오늘날 가장 영향력 있는 과학 이론 중의 하나인 진화론은 사소한 것에 대한 다윈의 주의 깊은 관찰과 의문에서부터 가능했어. 다윈은 평생 이런 태도를 잃지 않았지. 진화론에 관한 체계를 정리하는 동안에도 다윈은 짬이 날 때면 끊임없이 관찰과 실험을 했어. 그중에서도 지렁이에 관한 연구는 '과학'이 얼마나 우리 가까이에 있는지를 보여 주고 있는 것이 아닐까?

12 직선과 곡선

우리를 둘러싼
수많은 직선과 곡선들······

그런데,
과연 직선은 직선이고,
곡선은 곡선인가?

지구를 벗어나
또 다른 문명체를 찾아 나선 우주 탐사선.
하지만 그 어디에서도 문명체의 낌새를
찾지 못하고 지구로 귀환한다.

점점 가까워지는 지구.

"이것이야말로 확실한 문명의 증거다!"

"직선이다."

인간은
자연에서
'점, 선, 면'을 배웠다.

그러나
자연이 만들어 내지 못했던
인간의 선이 있다.

두 점 사이를 잇는
최단 거리의 선
'직선'.

한편,
사실을 있는 그대로 전달하고자
인간은 노력해 왔다.

"내가 원하는 것은 '사실'입니다.
이 어린 아이들에게 '사실'만을 가르치십시오.
인생에서 필요한 것은 '사실'뿐입니다."
-찰스 디킨스(영국, 소설가)

그가 원한 사실은
과연 '사실'인가?
영원히, 언제나
'사실'일까?

수천 년 동안
전해 내려온 '사실'
'지구는 평평하다'.

수천 년 만에 받아들여진
새로운 '사실'
'지구는 둥글다'.

그렇다면……
우리가 직선이라고 여기는 것이
과연 직선일까?

내 눈에 보이는 직선은
아주 큰 원의 일부분일 수도,
혹은 멀리서 보면
점일 수도 있다.

지구란 공 위에 그린 직선 하나를
광대한 우주에서 보면
직선일까? 곡선일까?
아니면, 그냥 점에 불과할까?

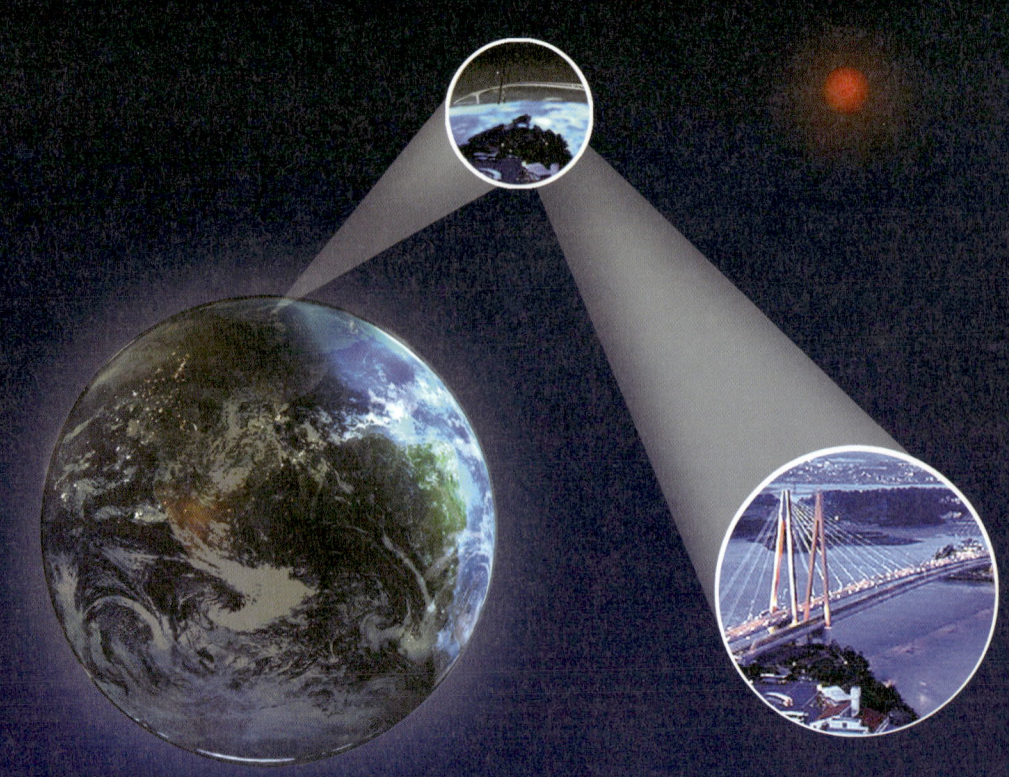

둥근 지구 위를
직선으로 기어가는
한 마리의 딱정벌레.

딱정벌레가 기어가고 있는 길은
직선인가, 곡선인가?
딱정벌레가 보고 있는 길은
직선인가, 곡선인가?

"모든 진리는 휘어져 있다."

−니체(독일, 철학자)

직선은 문명의 증거

달이 외계 문명의 전초기지일 수도 있다거나, 화성에 문명의 흔적이 있다는 주장 들어 봤어? 화성이나 달에 외계 문명이 존재한다는 주장도, 수많은 '직선의 발견'이 중요한 근거 중의 하나라고. 직선이 문명의 증거로 얘기되는 까닭은 무엇일까? 자연에서는 거의 직선이 발견되지 않는다는 관점에서 보면, 뚜렷한 직선은 인공적인 구조물이라는 거야.

두 점을 잇는 선을 그려 볼까? 곡선은 무수히 많이 그릴 수 있는 데 반해, 직선은 하나밖에 그려지지 않아. 그러니 직선을 이용하여 반복적인 무늬나 형태를 만든다는 건 '인위적'이라는 거지.

우리가 보는 자연물들은 대부분 부드러운 곡선으로 나타나. 생물체들은 더 많은 햇빛을 받으려고 하면서도, 바람은 피하고 싶어 하지. 주변의 생물체들과 엇갈리면서, 때로는 바람의 영향으로 굽어지지.

구불구불한 강물은? 강물은 흐르면서 끊임없이 장애물을 만나. 단단한 바위를 피하고 무른 장애물을 먼저 깎게 되면서 강물은 굽어지기 시작하지. 굽어 흐르는 강물은 바깥쪽의 속도가 빨라서 바깥쪽을 더 많이 깎게 되니까, 더 굽어 흐르게 돼. 이렇게 사람의 손이 닿지 않는 곳에서 직선으로 존재하는 자연물을 찾기란 정말 어려워.

산업혁명과 직선

인류가 본격적으로 직선을 만들기 시작한 건 그리 오래 되지 않아. 산업혁명 이후 등장한 기차와 자동차를 방해한 건 바로 굽은 길이었어.

굽은 길에서는 무엇보다 속도가 느렸지. 굽은 길에서도 제 속도를 내려면 더 많은 기술이 필요하고 에너지의 소비도 커져. 그래서 교통이 발달할수록 속도를 높이기 위해서는 직선으로 도로를 만들어야 했어.

한편 산업화란 한마디로 공장에서의 대량생산을 의미해. 기계들이 똑같은 물건들을 수없이 만들어 내려면 곡선보다 직선이 더 쉬워. 공장에서 만든 물건들은 웬만하면 직선으로 만들어졌다는 걸 혹시 눈치 챘어?

우리나라에서도 직선이 급속도로 증가한 건 1960년대 시작된 경제 개발부터야. 부드럽게 휘어지던 논두렁은 바둑판처럼 반듯반듯하게 바뀌고, 곡선의 미를 지닌 기와와 초가지붕은 직선의 슬레이트 지붕으로 바뀌었어. 흙과 돌이 어우러진 담도 직선의 벽돌에 밀려 사라졌지.

그리고 곡선을 대표하는 한옥은 직선을 대표하는 아파트로 차츰 바뀌었어. 구불구불 자연이 허락해 주는 만큼 곡선으로 냈던 길도 쭉 뻗은 고속도로로 바뀌었고 말이야.

직선과 곡선의 조화

모든 곡선도 짧게 끊어 보면 직선이잖아? 둥근 공에 직선이라고 그어도 결국은 곡선이지. 이렇듯 직선과 곡선은 늘 공존하고 있어.

직선이 속도와 효율을 높이는 거라면, 곡선은 여유와 아름다움을 표현하지. 지름길로 가면 빨라서 좋고, 굽은 길을 가다 보면 새로운 것들을 발견할 수 있지. 직선은 '사실'을 의미한다면 곡선은 '소통'을 위한 배려이기도 해. 자, 직선과 곡선의 조화로움을 위하여!

13 내 텃밭에 자라는 식물은 무죄

유럽에 첫 뿌리를 내리던 16세기.
토마토는 정체는 알 수 없지만,
실내를 장식하기엔 근사한
관상용 식물로 여겨졌다.

작고 노란 꽃 모양은
독이 있는 식물 '맨드레이크'와 유사했다.
그래서 토마토 역시 독초로 규정되었다.

◀맨드레이크
가지과의 독성이 있는 식물. 열매에는 마취와 환각 작용이 있으며, 많이 섭취하면 죽을 수도 있다. 주로 은밀한 마술 의식에 많이 쓰였다.

토마토에 대해
아무도 의심하지 않고
'정설'로 굳어진 것.

"먹으면 금세 열이 나고
죽게 될 거야!"

그러던 19세기.
미국으로 건너온 토마토에 대해
의문을 가진 한 남자.

모두가 보는 앞에서
'토마토'를 먹겠다고 선언했다.

그가 토마토를 먹기로 한 날
예고된 시간이 다가오고,
마른침을 삼키는 군중들…….

"쯧쯧, 멀쩡한 사람 죽어 나가게 생겼군!"

"내가 뭐랬어. 거품을 물며 쓰러질 걸?"

하지만,
자신의 텃밭에서 자라는 식물,
토마토의 무죄를 증명하고 싶었던 이 남자는,

사람들 앞에서 토마토를
한 입 베어 문다.

그러자
군중들 사이에서 들리는 비명 소리.
몇몇 심약한 여성들의 실신 소동.

그러나
아무 일도 일어나지 않았다.

1820년 9월 26일,
미국 뉴저지 주의 존슨 대령은
당시 토마토 재배 금지령에 항의하며
토마토를 먹었다.

미국에서 토마토를
모두 안심하고 먹기까지 걸린 시간은
무려 200년.

토마토 효과 Tomato effect

아무 근거 없는 추측 때문에
불필요한 일을 굳게 믿는 것을
가리키는 심리학 용어.

독초에서 최고의 채소로

토마토는 5백 년 전 멕시코에서 유럽으로 건너오면서 온갖 수모를 겪었어. 우선 맨드레이크와 많이 닮았다고 '독초'로 여겨졌어.

맨드레이크는 뿌리가 둘로 나뉘어, 마치 사람의 하반신 모습을 하고 있어서 좋지 않은 미신과 전설이 많았거든. 사람들은 작은 남자의 악령이 이 식물에 산다고 믿었대. 또 교수대 밑에서 자라는 풀이라고 알려져, 그 뿌리에 죄수의 죽은 영혼이 숨어 있다고도 믿어졌지.

토마토의 억울한 사연은 그뿐만이 아니야. 토마토의 원산지 남아메리카가 에덴 동산이며 선악과가 바로 토마토라는 믿음 때문에, 최소한 150년간 기독교도들에게 냉대를 받아 왔다지 뭐야. 1700년대 초반에 이르러서야 토마토는 비로소 인정을 받기 시작했어.

토마토가 맨드레이크와 다르다는 사실이 밝혀지긴 했지만, 꺼림칙한 느낌은 사람들의 잠재의식 속에 오래 남아 있었어. 유럽에서 오해가 풀렸음에도 불구하고 미국으로 건너간 토마토 역시 같은 수모를 겪었잖아.

하지만 온갖 수모를 다 겪은 토마토는 유럽인의 입맛을 사로잡았고, 토마토 케첩으로 재탄생해 '미국 최고의 양념'으로 여겨지고 있어. 간장 맛에 길들여져 있던 우리나라를 비롯한 동양에서도 토마토를 아주 좋아하잖아? 토마토는 세계 최고의 채소로 자리 잡은 거지.

마녀사냥

사실 토마토에 대한 이런 오해보다 훨씬 심각했던 역사적 사건이 있었어. 1550년 경부터 약 300년간 지구에는 소위 '소빙하기'가 있었어. 나폴레옹이 추위 때문에 모스크바 공격을 포기하고 물러난 것도, 아일랜드 사람들이 굶주림을 참다못해 대거 미국으로 건너간 것도 이때의 일이지.

기온이 낮아져 농작물 수확이 줄어들어 식량이 부족해지고, 전염병도 돌아 사회가 불안해지고 민심이 흉흉해졌어. 그러자 '신이 노했다'라는 이유로 평범하지 않은 여자들을 '마녀'라 부르고 그들을 잡아 죽이기 시작했어. 17세기에만도 50만 명의 여자들이 죽음을 당했지. '마녀'가 아닌데도 말이야. 이를 '마녀사냥'이라고 불러.

이런 역사에서 <마녀사냥>이란 말이 생겼어. 근거도 없이 누군가에 의해 마녀라고 지목되기만 하면 꼼짝없이 죽음을 당하는 것처럼, 한번 낙인을 찍으면 사회 여론이 그쪽으로 몰고 가는 것을 말해.

실제로는 영양이 풍부한 데도 독이라고 생각하여 토마토를 거부하는 토마토 효과는 눈에 보이지 않는 손해 또는 실수 정도라고 할 수 있어. 그러나 마녀사냥은 근거 없이 누군가에게 큰 피해를 주는 아주 위험한 일이야. 둘 다 근거 없는 추측에서 출발하고 있다는 공통점이 있지.

'정말 그럴까?' 지금의 우리 사회에도 근거 없는 추측들로 인해 일어나는 일이 많아. 더구나 요즘은 인터넷을 통해 빠른 속도로 퍼져 나가기 때문에, 근거 없는 추측으로 특정 인물이나 가게 등이 큰 피해를 입기도 하지.

존슨 대령처럼 용기 있는 행동으로 생각을 바꾸게 할 수도 있겠지. 그런데 그보다 먼저 '정말 그럴까?' 하고 한 번 더 질문을 던지고 생각하는 지혜가 우리 모두에게 필요하지 않을까?

14 빈 공간

빈 공간을 꽉 채운 사물들……
그 사물들의 속은?
더 이상 빈 공간은 없는가?

딱딱한 얼음,
속이 꽉 차 보인다.
과연 그럴까?

얼음을 확대해서 보니,
빈 공간이 많다.

• 얼음의 현미경 사진

그럼, 이건?
단단한 손톱은?

이것도
자세히 들여다보니
빈 공간이 많다.

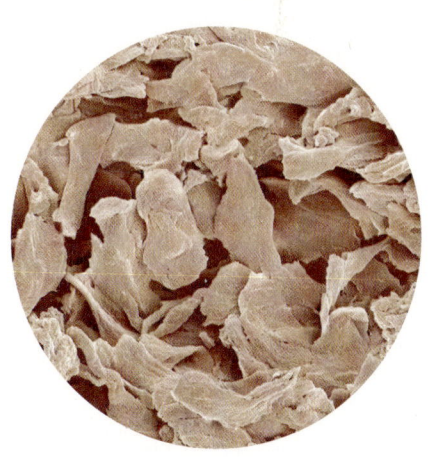

• 손톱의 현미경 사진

더 깊이 속으로 들어가 보자.
세상의 모든 물질은 원자로 이루어져 있다.
원자의 크기는
지름이 대략 1억분의 1cm.

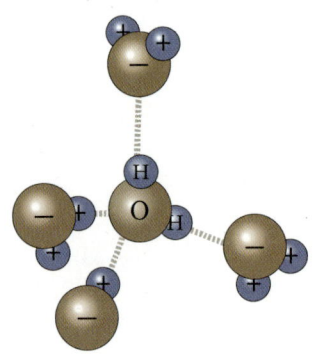

한 방울의 물을
우리가 살고 있는 지구만큼 확대한다면
물을 이루는 원자의 크기는 야구공 정도.

그렇다면 원자 속은?

원자의 중심에는
원자핵이 있다.
원자핵의 크기는 얼마나 될까?

원자 크기가
축구 경기장만하다면,
원자핵 크기는
축구공 크기에 불과하다.

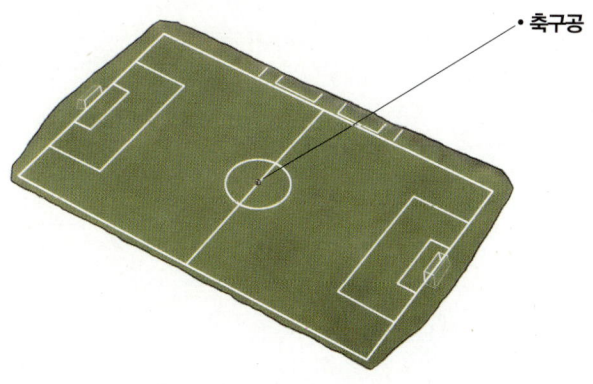

엄청나게 큰 원자와
엄청나게 작은 원자핵.

그리고 그 사이는……
비어 있는 공간!

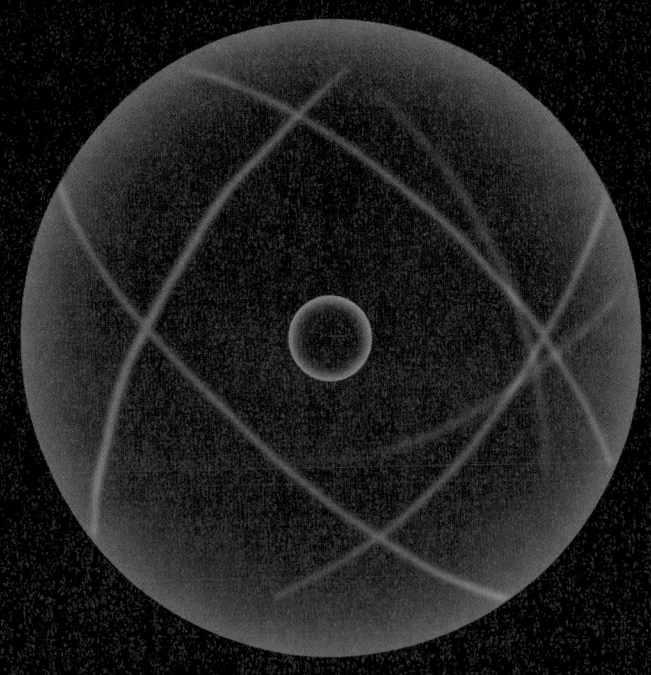

원자를 이루는 99.999%는
바로 빈 공간!

그런데, 세상은
그런 원자로 이루어져 있다.

100조 개의 원자가
만드는 세포.

100조 개의 세포가 만드는 사람의 몸,
60억의 인구가 모인 지구.

모두
99.999%가 빈 공간인
원자로 이루어져 있다.

지구가 속한 태양계.

우리 은하에는
태양과 같은 별들이 1,000억 개.

1,000억 개의
은하계가 있는 우주.

우주는 99.999%가 빈 공간인
원자로 이루어진 세상.

우리가 보는 것의
99.999%.

우리가 욕망하는 것의
99.999%.

그 모든 것의
99.999%는
'빈 공간'.

원자와 분자

이 세상의 물질은 무엇으로 이루어져 있을까? 과학적인 방법으로 물질의 근원을 밝히는 연구들로 인해 원자와 분자 같은 알갱이(입자)의 존재가 밝혀졌어.

물질을 이루는 가장 작은 알갱이는 〈원자〉야. 1803년 '모든 물질은 원자로 이루어져 있다'라는 걸 돌턴이라는 과학자가 발견했지. 이어 아보가드로는 분자를 제안했어. 〈분자〉란 원자들이 두 개 이상 결합한 것인데, 분자 단위가 되어야 비로소 물질의 성질을 갖게 되지. 이런 가설들은 1900년대 이후 여러 실험을 통해 사실로 증명됐어.

원자는 (+)전기를 띠는 원자핵과 (−)전기를 띠는 전자로 이루어져 있어. 원자핵이 띠는 (+)전기의 양과 전자가 띠는 (−)전기의 양은 항상 같아서, 원자 전체로는 전기를 띠지 않지.

수소, 물, 이산화탄소라고 부르는 물질들은 대개 분자로 이루어져 있어. 수소란 수소 원자가 2개 모여 만든 분자로 H_2라 불리지. 물은 수소 원자 2개와 산소 원자 1개가 만든 분자로 H_2O라 하고, 이산화탄소는 탄소 원자 1개와 산소 원자 2개가 만든 분자로 CO_2라 해.

원자와 분자는 온통 빈 공간

지금부터 원자의 내부를 상상해 볼까? 원자의 크기를 축구장에 비유한다면 원자핵은 축구장 잔디밭에 놓여 있는 축구공 정도야.

원자핵이 그렇게 작은데 원자는 왜 그렇게 크냐고? 원자핵에서 멀리 떨어져 빠르게 움직이는 전자들 때문이야. 전자들의 매우 빠른 움직임 때문에 원자는 꽉 차 있는 것처럼 보이지만, 전자는 원자핵보다도 더 작으니까 원자의 대부분은 빈 공간인 셈이야.

그렇다면 원자가 모여서 만드는 분자 사이는 어떨까? 물에 설탕을 녹이면

설탕 분자는 물 분자 사이의 빈 공간에 끼어 들어가게 돼. 특히 액체가 기체로 바뀔 때는 분자 사이의 거리는 엄청나게 멀어지는데, 가령 물이 수증기가 될 때는 부피가 1,700배나 늘어나. 분자 간의 거리가 26배 정도 멀어져서 그런 건데, 그 사이는 모두 비어 있지.

실제로 전자현미경 또는 원자현미경으로 들여다보는 세계는 온통 빈 공간이야. 그런데 왜 우리 눈에는 꽉 차 보이냐고? 우리의 눈은 원자들이 연결되어 만드는 공간을 보는 거니까.

소유의 욕망과 빈 공간

우리 주변은 매일 새로운 물건들로 채워지고 있어. 그렇다면 그 물건들이 채워질수록 빈 공간이 줄어드는 걸까? 그 물건들도 온통 빈 공간이라면, 채우기보다는 자리만 차지할 뿐이겠지?

돌아보면 우린 더 많이 가지기 위해 매일 애쓰고 있지. 더 큰 집, 더 큰 자동차, 더 많은 옷 등……. 더 많은 물질을 소유하면 부자라고 하고, 누구나 부자가 되고 싶어 해.

그러나 부자가 가진 것이 내가 가진 것보다 무엇이 많다는 거지? 얼마나 많다는 거지? 어차피 99.999%가 빈 공간이라면! 더 많이 갖고자 하는 소유의 욕망도, 과학의 눈으로 보면 '비어 있는 것'을 손에 쥐려는 안타까운 노력이라고나 할까?

15 나사 그리고 나선

나선螺線
소라껍데기 모양처럼 빙빙 돌아가는 선.

기원전 3세기 아르키메데스가
나선을 응용해 만든
인류 역사 최초의 나사.

• **아르키메데스의 나사 틀**
물을 퍼 올리는 펌프로 사용되었다. '물달팽이'라고도 부른다.

이후……
중세 시대에는 기사들의 갑옷,
16세기 무렵부터는
시계나 총 같은 정밀한 기계에
폭넓게 이용된 나사.

레오나르도 다빈치는
나사의 원리를 이용해
하늘을 나는 기계를 고안하기도 했다.

"못에 비해 나사가 탁월하다는 점은
 의심할 여지가 없다."

−아그리콜라(16세기 과학자)

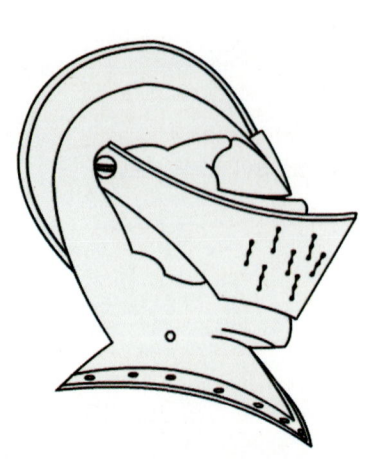

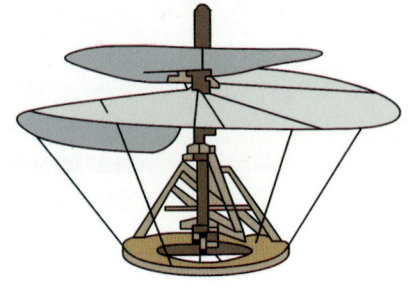

2차 세계대전 당시
미국 폭격기를 수리해야 했던 영국의 정비공들.

그러나
충분한 기술과 장비를 갖고도
단 한 가지 이유로 폭격기를 고칠 수 없었다.

"이거 뭐야?"
"나사가 다르잖아!"

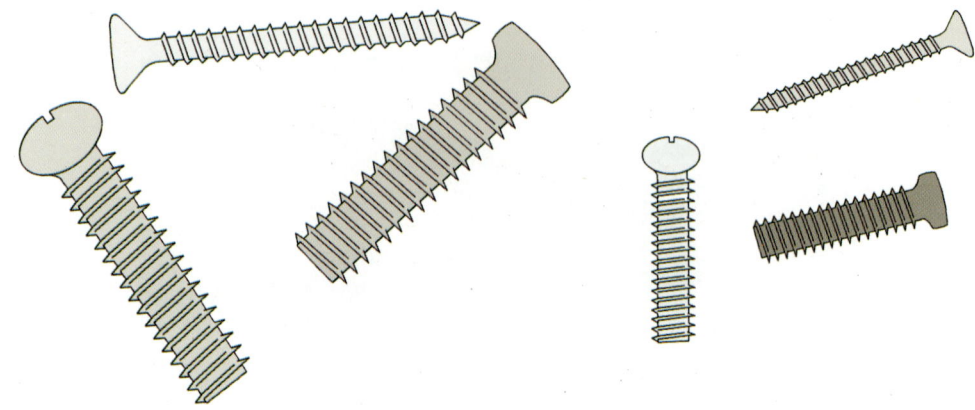

나사의 원리가 발견된 후 2,000년 동안
"암나사와 수나사들이 섞이기라도 하면
 제대로 된 짝을 찾기 위해
 엄청난 수고와 손실을 감수해야 했다."

나선의 홈 규격을 크기별로 통일하는
표준화가 이루어지기 전까지

만드는 곳에 따라 제각각인 나사선의 모양 때문에
나사는 가장 유용하지만,
가장 불편한 도구였다.

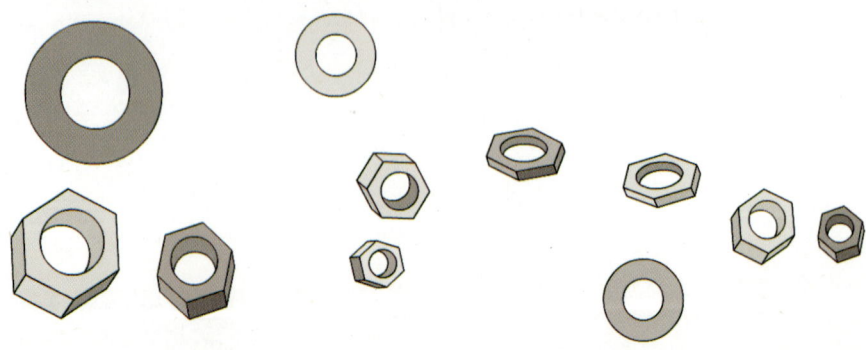

가장 오래 되었지만
가장 발전이 더뎠던 발명품.

제자리에서 맴도는 것 같지만
조금씩 천천히
앞으로 나아가는
그것은 '나선'.

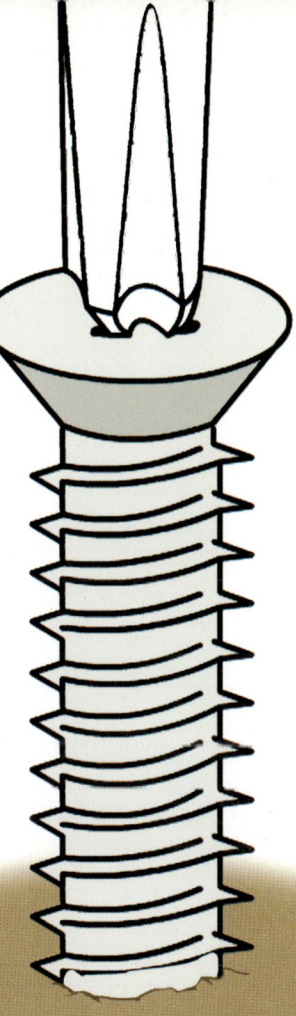

나선을 이용해 만든 나사는
인간이 만든 세상 어디에나 있다.

그러나
동시에 나사는
문명 이전의 에너지다.

암모나이트, 달팽이 껍질, 해바라기
토네이도, 태풍의 눈, 우리은하.

또,
아래쪽 잎에게
빛을 나눠 주기 위해
나선으로 올라가며 자라는
식물의 잎까지…….

"나선형은 움직이는 에너지가
 가장 순수하게 표현되는 형태이다.
 에너지를 스스로 움직이도록 내버려 두면
 그것은 어디서나 나선형을 이룬다."
-마이클 슈나이더(미국, 수학자)

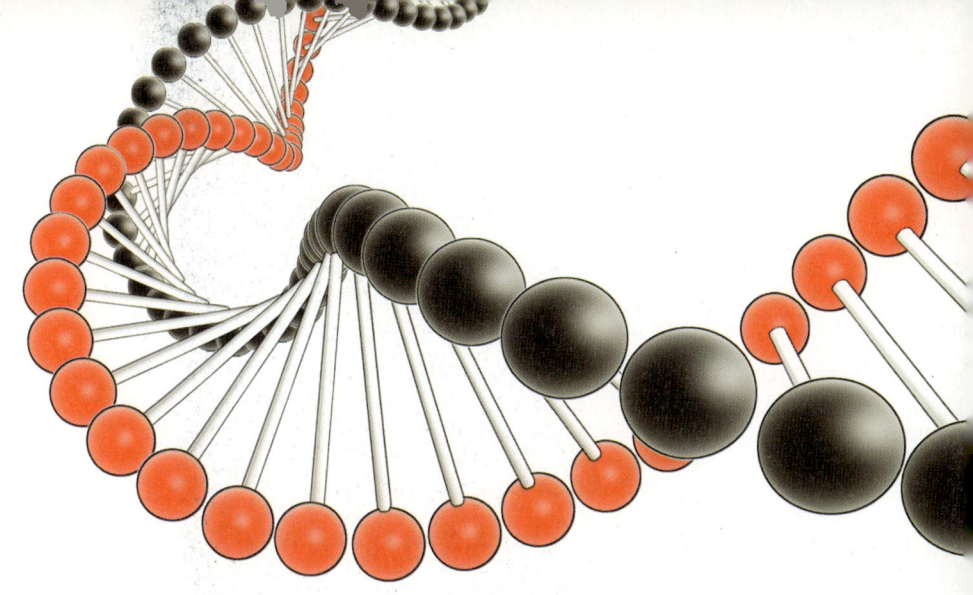

그리고
생명 활동의 근원,
DNA.

이렇게
세상은 나선형으로 서로 닮아 있다.

도구의 원리

인류는 도구를 이용할 줄 안다는 점에서 다른 동물들과 달라. 인간은 힘과 스피드에서 동물에 비해 신체적 한계를 지녔지만 도구를 통해 이를 극복했어. 대부분의 도구는 지레, 도르래, 빗면의 원리를 이용하고 있지.

지레의 원리는 시소를 보면 돼. 시소가 있으면 우리도 코끼리를 들어 올릴 수 있어. 코끼리를 시소의 한쪽에 앉히고 나는 시소 반대편에서 가능한 멀리 앉으면 돼. 지레를 쓰면 적은 힘으로도 무거운 물체를 들어 올릴 수 있어. 가위, 병따개, 장도리 등이 지레의 원리를 이용한 거야. 도르래는 지레의 원리에 바퀴 모양을 곁들인 거고.

빗면은 수직으로 들어 올릴 걸, 비스듬히 기울여 들어 올리는 원리야. 사다리, 구불구불 휘어진 산길, 나선형의 계단, 나사 등이 대표적인 것들이지. 사다리나 쐐기처럼 직선을 기울여 놓은 것도 있지만, 대개는 나선형 즉 곡선으로 이루어진 것들이 많아. 그래서 다른 도구들에 비해 표준을 만들기까지 시간이 많이 걸렸어.

생물체에서 발견되는 나선

나사를 이루는 나선형은 자연에서 아주 쉽게 발견할 수 있는 무늬나 형태의 규칙이야. 솔방울이나 해바라기는 나선형으로 씨앗을 배열하고 있는데, 최소 공간에 가장 많은 씨앗을 배치하고 있어서 최고의 수학적 방법에 사람들이 감탄하지.

어린 나무나 풀꽃도 바로 위에서 내려다보면 나선형이야. 나선형으로 배열하면 가려지는 잎 하나 없이 각각의 잎들이 모두 충분한 햇빛을 받게 되지.

생명의 에너지도 나선형으로 진행돼. 나무가 겨울잠에 들 때는 생장 정지 호르몬이 꼭대기에서 뿌리를 향해 줄기를 휘감듯 나선의 형태로 내려 오거든. 그래서 낙엽은 꼭대기부터 지게 되는 거야. 물론 잠에서 깨어나는 봄에는 반대로 진행돼.

몸에서도 나선형을 발견할 수 있어. 태아가 처음 자궁 속에서 성장할 때의 모습, 머리의 정수리, 소리를 모으는 귓바퀴, 귓속의 달팽이관도 나선형이야.

생물체가 나선을 만드는 까닭은 뭘까? 아마 환경에 적응하며 최적의 성장 방법을 찾아가는 과정에서 자연스럽게 만들어 낸 형태가 아닐까?

반대되는 것들의 공존

움직이고 변화하는 순간에도 나선형은 있어. 서로 반대되는 것끼리 만났을 때 그렇게 돼. 뜨거운 것과 차가운 것, 움직이는 것과 정지하고 있는 것, 솟아오르는 것과 내려오는 것 등 서로 반대되는 것끼리 만나 충돌할 때 역동적인 나선형을 만들며 에너지는 균형을 이루거든.

그래서 나선에는 소용돌이치는 주변부와 고요한 중심부가 함께 존재해. 예를 들어, 태풍이나 허리케인의 경우 나선의 주변은 격렬한 수증기의 에너지로 되어 있지만 중심부는 믿을 수 없을 만큼 고요해.

이렇게 반대되는 것들이 만나 자연스레 만들어지는 나선은 서로를 파괴하지 않은 채 공존하고 있는 거야! 우리에게도 나선처럼 공존의 지혜가 필요하지 않을까?

adagio maestoso

아다지오 마에스토소,
매우 느리고 장엄하게

1년과 하루

천만 년의 여행

도마뱀의 자리

살아남은 자의 슬픔

하늘과 바람과 별과 시

16

1년과 하루

시간이란
60억 인구가
지구라는 우주선을 타고
떠나는 여행.

태양이 우리 은하의 중심을 돌아
제자리로 돌아오는 데
걸리는 시간은 2억 년.

그리고 태양계의 작은 별,
우리가 사는 지구.

365 1/4

지구가 태양 주위를 돌아
제자리로 돌아오는 데 걸리는 시간은
1년.

시속 10만 7천 km의 속도로
총 거리 9억 5천만 km를 달려
제자리로 돌아오는 지구.

이것이 지구의 공전公轉.

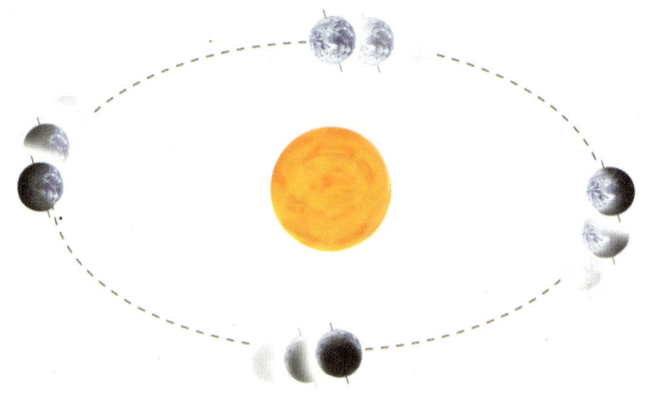

지구는 태양의 주위를 도는 것뿐만 아니다.
태양의 주위를 도는 동시에
팽이처럼 스스로 회전한다.

지구가
스스로 한 바퀴 도는 데 걸리는 시간은
태양이 한 번 떠올랐다가
다시 떠오르는 데 걸리는 시간,
하루.

이것이 지구의 자전自轉.

1년은 365일이고
하루는 24시간이다.

아니다!

1년이 항상 365일인 것은 아니다.
하루가 늘 24시간인 것은 아니다.

46억 년 전 갓 태어난 지구.
이때 하루는 4시간,
1년은 2,200일이었다.

그러던 어느 날 지구와 소행성의 충돌로
생겨난 달이
지구를 잡아당기기 시작했다.

그러자
지구의 자전 속도는 점점 느려졌다.

그리고
지구의 하루는
점점 길어지기 시작했다.

점점 길어지는 하루.

하루가 길어질수록
1년의 일수는 줄어든다.

20억 년 전,
1년은 800일, 하루는 11시간.
4억 년 전,
1년은 400일, 하루는 22시간.

그리고 현재,
1년은 365일 5시간 48분 46초
하루는 24시간.

10만 년에 1~2초씩
늘어나고 있는 하루의 길이.

3억 6천만 년 뒤
하루는 25시간.

이대로 계속된다면
하루의 길이는 어떻게 될까?

• 20억 년 전

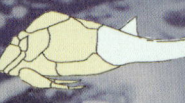
• 4억 년 전

• 2억 년 전

• 100만 년 전

우리가 살아가는 365일의 1년.
24시간의 하루.

**그것은 태양, 달, 지구가 만들어가는
거대한 시간의 한 순간.**

1년과 하루, 음력의 한 달

밤낮이 바뀌고, 4계절의 변화가 일어나고, 달이 차고 기우는 건 항상 반복되는 현상이야. 달력은 이렇게 천체의 규칙적인 움직임을 따라 만든 거야. 지구의 자전을 하루로, 지구의 공전을 1년으로 정하고, 지구 주위를 도는 달의 공전을 음력의 한 달로 정했지.

1년이란 태양을 중심으로 지구가 한 바퀴 도는 데 걸리는 시간이야. 지구의 공전을 기준으로 삼은 건, 농사일이 계절의 변화와 밀접한 관계가 있었기 때문이야. 계절의 변화는 태양을 도는 지구의 위치와 관계가 깊으니까.

그런데 지구의 공전주기는 365.25일로 1년을 365일로 계산하면, 4년에 약 하루가 남는 문제가 생기지. 그래서 4년마다 한 번 2월을 하루 늘려서 날짜를 세기로 했어. 지난 2008년의 2월은 29일이었어.

하루는 지구가 태양을 기준으로 한 바퀴 자전하는 데 걸리는 시간이야. 이때의 하루는 태양이 가장 높이 뜬 시각에서 다음 날 태양이 가장 높이 뜬 시각으로 정해. 이렇게 태양을 기준으로 하는 하루는 매번 조금씩 달라서 정확한 하루를 정하기 어렵지.

자전주기의 평균을 계산해 하루를 정했으니 '하루'란 천문학적인 시간이 아니라, 수학적인 시간인 셈이야. 게다가 오랜 시간에 걸쳐 지구의 자전 속도가 느려지면서 하루의 개념에도 많은 변화가 필요하지.

마찬가지로 달의 모양 변화에 따라 만든 음력은 계절 변화와 맞지 않는다는 문제가 생겼어. 음력 한 달은 약 29.53일이므로, 1년을 30일의 큰달과 29일의 작은달을 넣어 만들면, 1년이 354일밖에 안 돼. 태양력의 365일과는 11일이나 차이 나는 거지. 그래서 3년에 한 달 또는 8년에 석 달의 윤달을 넣어 차이를 해결하고 있어.

하루와 1초

하루는 24시간, 86,400초라는 개념도 지구의 자전 속도에 맞춰 만들어진 거야. 하지만 지구의 자전 속도가 계속 느려져 정확히 24시간과 맞아떨어지지 않는다는 문제가 생기고 있지.

그래서 1967년 과학자들이 모여 1초의 길이를 새롭게 정했어. 세슘 원자라는 것이 91억 9,263만 번 진동하는 데 걸리는 시간으로 정했는데, 원자 시간의 1초는 절대로 변하지 않지.

그러나 지구의 자전이 느려지면서, 원자 시간과 지구 시간이 어긋나기 시작했지 뭐야. 세계 시간을 결정하는 국제통신연맹은 1972년부터 1초를 넣거나 빼는 일을 하고 있어. 4년에 한 번씩 29일짜리 2월을 넣는 것과 같은 이치지.

인간이 만든 시간의 질서

시간은 애초부터 존재하는 자연물이 아닌 인류가 만들어 낸 추상적 관념이야. 구체적인 형상이 있어 존재하는 게 아니라, 인간의 생각으로 만들어 낸 것이란 뜻이지. 다시 말해 시간은 천문학적인 현상을 근거로 하고 있기는 하지만, 수학적으로 다시 만들어 정리한 일종의 약속 같은 거야.

그래서일까? 달력은 사회에 따라 조금씩 다른 형태를 보이기도 해. 로마인, 중국인, 마야인은 모두 나름대로 달력을 가지고 있었으니까. 달력은 인간이 시간에 질서를 부여하기 위한 노력의 결과물인 셈이야.

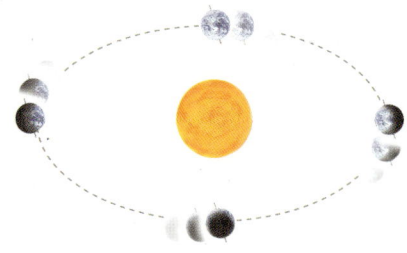

17 천만 년의 여행

태양의 질량은
지구 질량의 약 33만 배.

태양은
매 초마다 400만 톤씩 가벼워지며,
빛을 내고 있다.

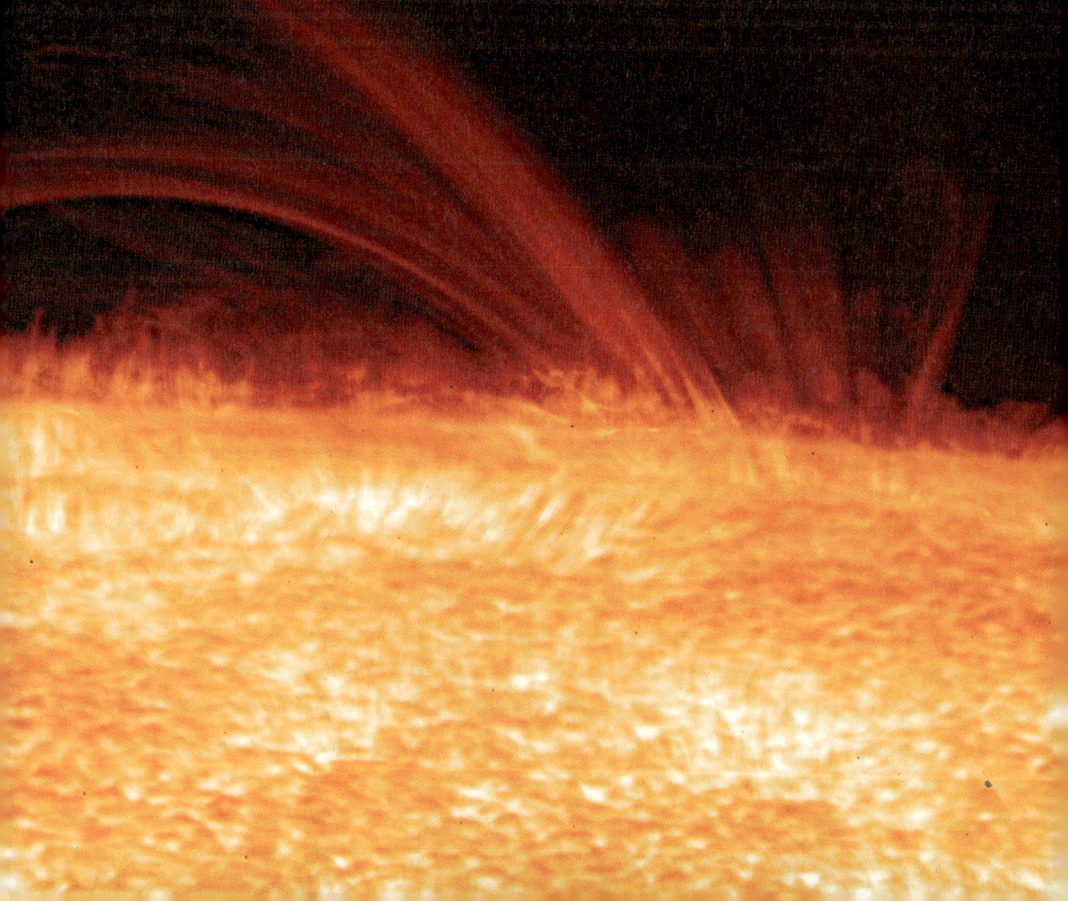

원자들 중
가장 단순한 형태인
수소.

수소는
태양의 대부분을
구성하고 있으며,

태양은
자신을 구성하는 물질인 수소를
빛으로 바꾼다.

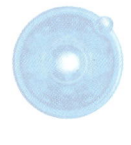
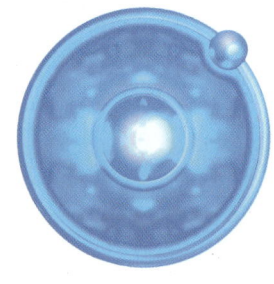

태양 안에서 수소 원자들은
서로 격렬하게 부딪치면서
원자핵끼리 결합한다.

이렇게 수소의 핵융합으로
헬륨이 만들어지고,
이때 줄어든 질량만큼
에너지가 발생한다.

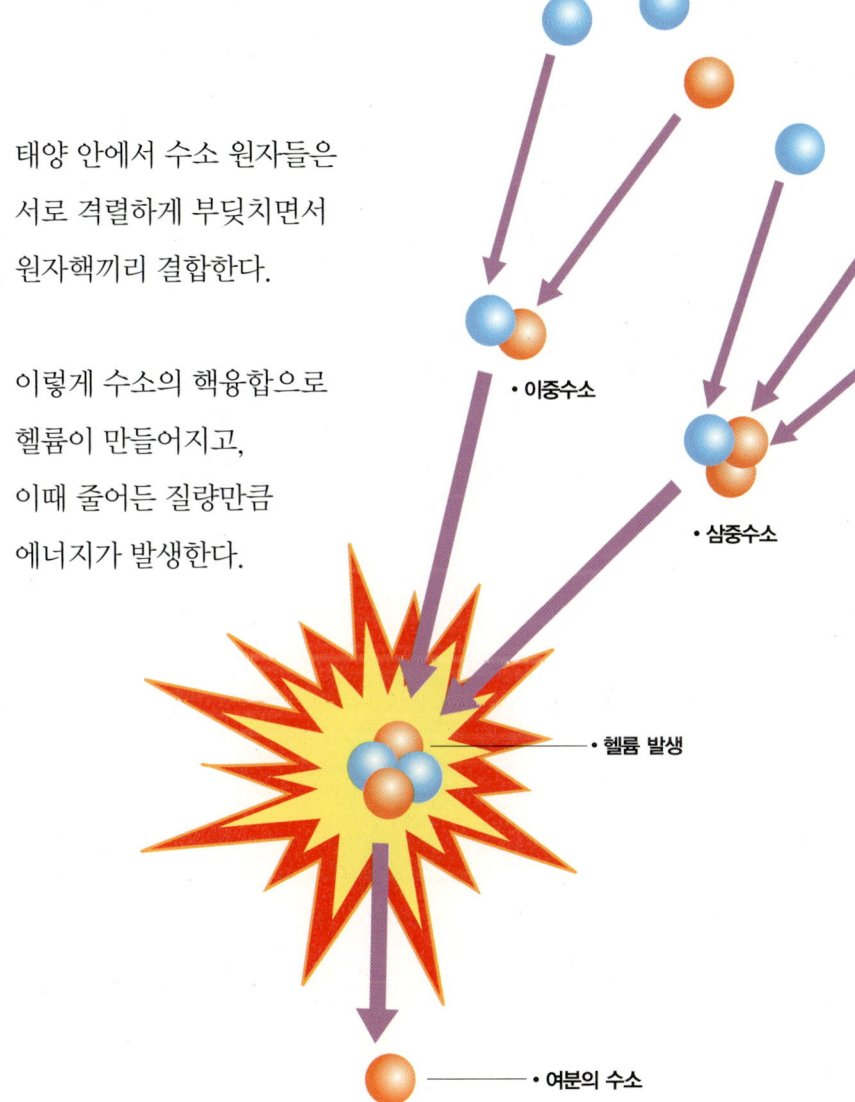

• 이중수소
• 삼중수소
• 헬륨 발생
• 여분의 수소

그리하여
태양은 매초 400만 톤씩 가벼워지고,
히로시마 원자폭탄 5조 개와 맞먹는
에너지를 방출하고 있다.

그리고 수소의 핵융합이 이루어지는
태양의 엔진, 핵.
1,500만℃의 핵에서 빛은 태어난다.

그러나 태양의 내부를
끊임없이 충돌하며 돌아다니는
빛.

태양 내부에서 충돌하던 빛이
태양의 표면까지 가는 데 걸리는 시간은?
10,000,000년
= 천만 년.

그리고 태양 표면에서 뻗어나가는
수많은 충돌 속에서 변화된 빛.

그 속에 포함된
자외선과
적외선,
가시광선.

- **가시광선**可視光線
  눈으로 볼 수 있는 영역의 광선. 프리즘을 통과시키면 일곱 가지 빛깔로 나뉜다.
- **적외선**赤外線
  가시광선의 붉은색 영역 바깥쪽에 있는 광선으로, 가시광선보다 파장이 길며 보이지 않는다.
- **자외선**紫外線
  가시광선의 보라색 영역 바깥쪽에 있는 광선으로, 가시광선보다 파장이 짧으며 보이지 않는다.

태양의 빛은
우주에서 1억 5천만 km의 거리를
8분 만에 달려와,

지구와,
생명과,
역사를,
비춘다.

지금 쏟아지는 햇살은
천만 년의 여행 끝에
우리 곁에 온 빛.

지금 이 순간
머리 위의 태양,
그 속에서 이글거리는 빛은
천만 년 후
누군가의 미래.

태양에 의지하는 생명의 에너지

인류가 이용하는 에너지의 대부분은 태양에 의존하고 있어. 생명 활동에 필요한 탄수화물, 단백질, 지방은 식물의 광합성에서부터 출발하는 것으로 햇빛이 없으면 만들 수 없지.

석유와 석탄 같은 화석연료도 식물의 광합성으로 만들어진 에너지가 땅속에 묻힌 거라고 할 수 있지. 수력이나 풍력도 모두 태양에 의해 물과 바람이 에너지를 갖게 된 거야. 또, 태양열과 태양 빛을 직접 에너지로 사용하기도 하지. 그렇다면 태양에 의지하지 않는 에너지는? 원자력과 조력潮力정도에 불과해.

빛의 여행

햇빛이 나에게 올 때까지의 시간 여행을 쫓아가 볼까? 우선 태양의 크기를 보자. 태양의 지름은 지구 지름의 109배, 태양의 질량은 지구의 33만 배야.

태양은 지구처럼 딱딱한 암석 껍질이 없이, 거대한 기체로 된 공 모양을 하고 있어. 태양의 기체를 이루는 원소는 대부분이 수소(H), 그 다음이 헬륨(He)이야. 우리 눈에 둥글고 빛나게 보이는 부분을 〈광구光球〉라 하는데 표면 온도가 6천℃ 정도야.

태양의 중심부는 1천 5백만℃나 될 걸로 예상하고 있어. 이 온도 덕분에 수소의 원자핵이 합쳐져 헬륨으로 바뀌게 되는데, 이를 〈핵융합 반응〉이라 해. 매초 7억 톤의 수소가 헬륨으로 되면서, 이중 4백만 톤이 줄어들게 되는데, 이 줄어든 물질이 에너지로 바뀌게 되지.

이 에너지가 태양을 빛나게 하고 지구 생명체들에게 전달되는 거야. 지난 45억년 동안 수소의 절반이 헬륨으로 바뀌었지만, 앞으로도 약 50억 년간 수소의 핵융합 반응은 계속될 걸로 예상하고 있어.

그러면 우리가 보는 햇빛은 핵융합 반응에 의해 생긴 빛일까? 그건 아냐. 태양의 중심에서 생긴 빛은 태양의 밖으로 잘 빠져나오지 못해. 그 빛은 태양의 내부를 끊임없이 돌아다니다가 태양 밖으로 빠져 나오는 데만, 무려 천만 년이란 긴 세월이 걸린다고 해.

빛이 태양 밖으로 일부 빠져나온다 해도 정확히 말해서 우리가 보는 햇빛은 아니야. 그러면? 뜨거운 태양 표면에서 지글지글거리는 전자들이 만들어 낸 빛이 우리에게 오는 거야. 1억 5천만 km라는 태양과 지구 사이의 거리를, 1초에 30만 km의 빠르기로 날아서 약 8분 만에 도착한 거지.

태양의 신비

우리는 태양에 대해 얼마나 잘 알고 있을까? 우리 눈에 보이는 둥글고 노란 태양은 광구를 말해. 그리고 광구의 바깥쪽 대기에는 불그스름한 불꽃의 '채층'과 하얗게 빛나는 가스층의 코로나가 있어.

광구의 표면 온도는 6천℃ 정도야. 그런데 태양을 둘러싸고 1천만 km나 뻗어 있는 코로나의 온도는 1백만℃나 되지. 코로나가 광구보다 고온으로 유지되는 이유에 대해서는 아직 정확하게 알지 못한대.

그래서 미우주항공국NASA과 유럽우주국ESA은 태양으로 우주선을 보내 코로나에 대한 정보를 수집할 계획을 세우고 있어. 태양계를 벗어나 더 먼 우주를 탐사하는 계획도 있지만, 인류는 좀 더 태양 가까이로 다가가는 꿈도 함께 꾸고 있는 거란다.

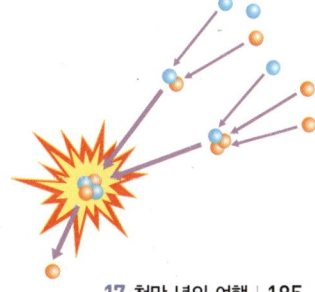

18 도마뱀의 자리

별은 오랫동안
인간의 시계,
밤에도 길을 잃지 않도록
빛나 주었던 나침반.

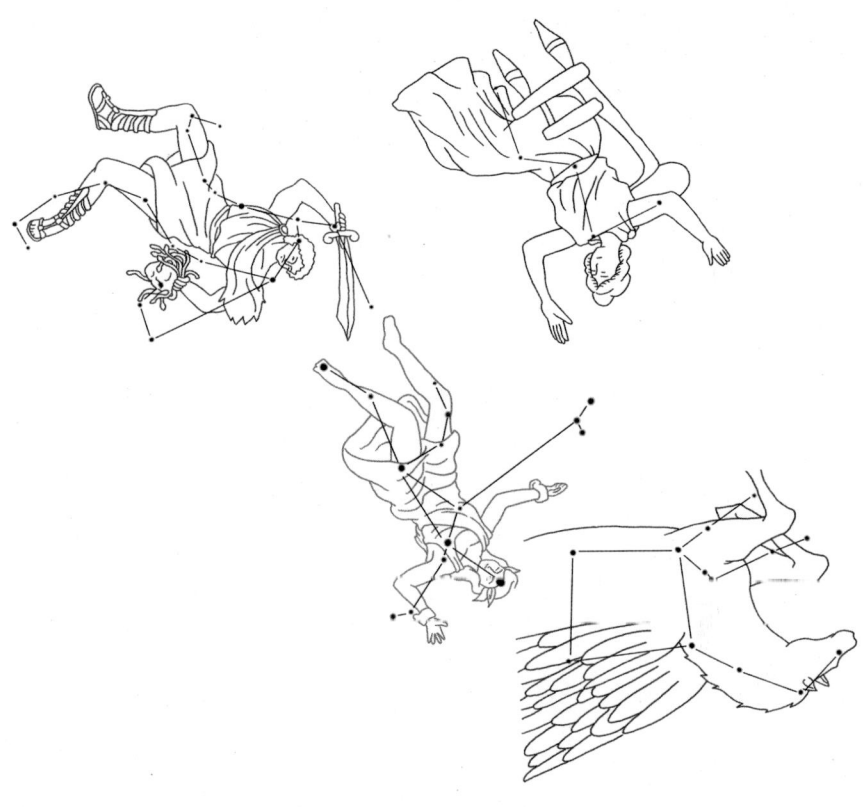

그리고
다른 별보다 반짝이는 별들에 붙여진
신비로운 이야기와 화려한 이름들.
용사의 이름,
미녀의 이름,
권력자의 이름.

18 도마뱀의 자리 | 187

메두사의 목을 단칼에 벤
페르세우스.

쇠사슬에 묶인 공주
안드로메다.

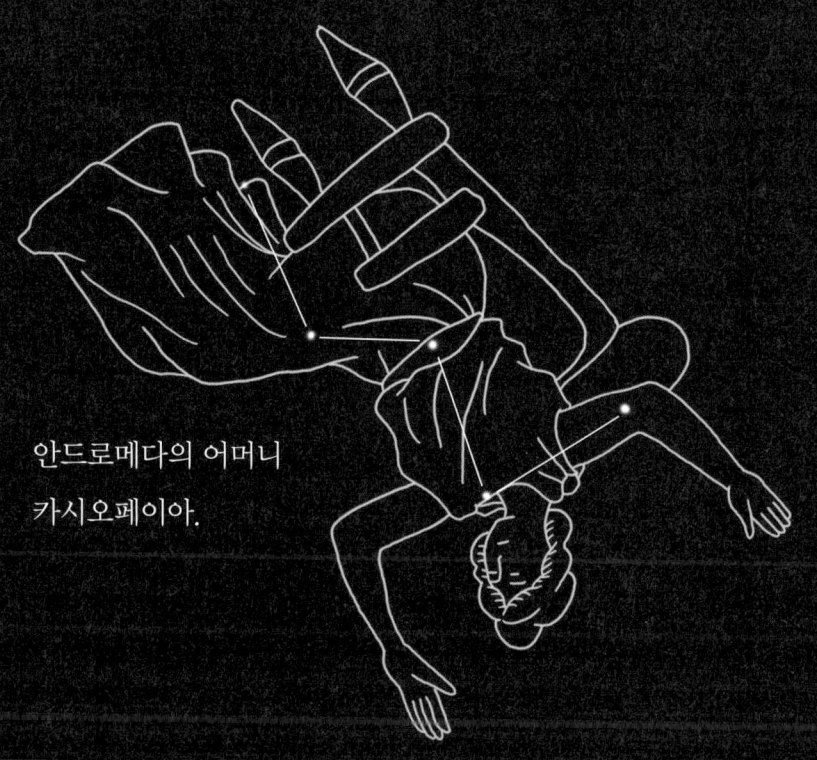

안드로메다의 어머니
카시오페이아.

하늘을 나는 말 페가수스.

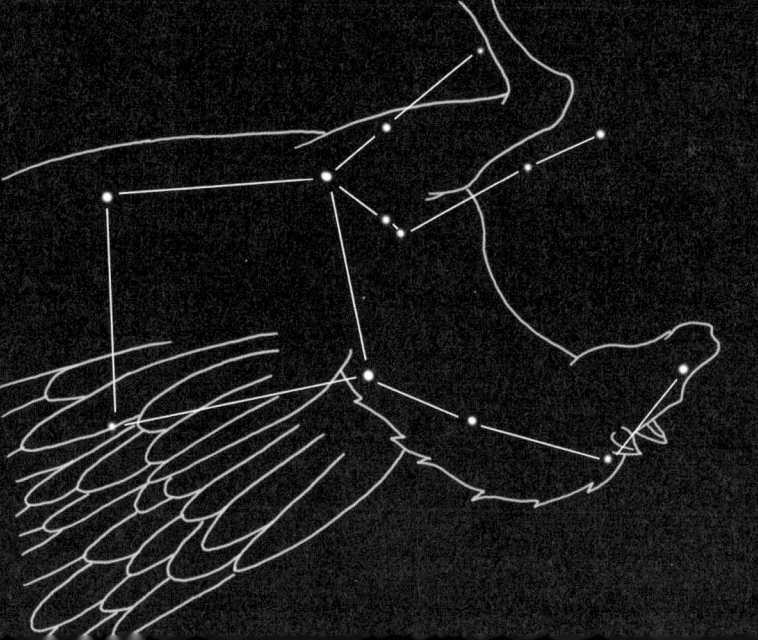

그리고
그들 사이에 있던
도마뱀 한 마리.

이름도 전설도
얻지 못했지만,
늘 빛났던 별들.

위치는 대략
빛나는 페가수스와 아름다운 안드로메다로
둘러싸인 어딘가 쯤.

17세기
그 별들에 선을 긋고
이름을 붙인 천문학자
요하네스 헤벨리우스.

그가 붙여준 별자리의 이름은
'도마뱀자리'.

영웅들 사이에 자리를 잡은 도마뱀.
뒤늦게 이름을 붙인 이유는
"화려한 별자리들 사이의
빈자리를 메우기 위해서"였다.

'빈자리', 그것이
하늘의 도마뱀이 맡은 역할.

도마뱀자리

안드로메다자리

페가수스자리

그렇게 오랜 시간이 흘러
도마뱀자리를 관찰하던
현대의 천문학자들은

어둡고 희미하게만 보였던
도마뱀자리의 별들이
강력한 에너지를 발산하고 있다는 것을
발견했다.

그리고 도마뱀자리 어딘가에
거대한 블랙홀이 있는
은하가 있을 것으로
추정되고 있다.

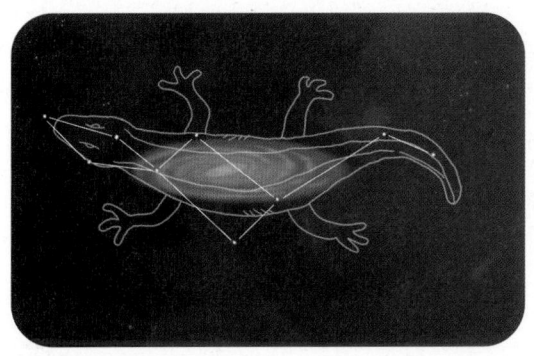

단지 빈자리를 채우는 존재였던
도마뱀자리.

그러나 그 속에
우리가 몰랐던
또 다른 세계가 있을지 모른다.

- **블랙홀**blackhole
 밀도와 중력이 엄청나게 커서 모든 것을 끌어당겨 삼켜 버리는 천체

가을철 별자리 이야기

가을밤 별자리들은 대부분 어두운 별들이라 찾기 쉽지 않지만 북쪽 하늘에서 W자 모양의 카시오페이아자리를 먼저 찾으면 돼.

안드로메다는 에티오피아의 왕 케페우스와 왕비 카시오페이아 사이에서 태어난 공주야. 허영심 많은 카시오페이아는 자신이 가장 예쁘다고 떠들고 다녀, 바다 요정들을 화나게 했어. 요정들은 바다의 신 포세이돈에게 부탁해 괴물 고래로 에티오피아를 황폐하게 만들었지.

에티오피아를 구하기 위해 왕은 아름다운 딸 안드로메다를 제물로 바쳐야 했어. 그런데 마침 괴물 메두사의 머리를 잘라 돌아가던 페르세우스가 안드로메다 공주를 구하고 사위가 되었지.

페르세우스가 괴물 고래와 싸울 때, 들고 있던 메두사의 목에서 피가 흘러 바다로 떨어졌지. 메두사는 괴물로 변하기 전에 사실 아름다운 처녀였대. 그래서 그녀를 매우 좋아했던 포세이돈이 메두사의 죽음을 안타깝게 여겨, 메두사의 피로 날개 달린 하얀 말 페가수스를 만든 거래.

별의 밝기

별의 밝기는 등급으로 나타내는데, 고대 그리스의 히파르코스는 별을 맨눈으로 보고 가장 밝은 별을 1등성, 가장 어두운 별을 6등성으로 정했어. 1등성은 6등성보다 약 100배 정도 밝다는 것은 나중에 알게 되었어. 6등성보다 어두운 별은 맨눈으로는 보기 어려워도 망원경을 이용하면 볼 수 있어.

별의 실제 밝기는 우리 눈에 보이는 밝기와는 조금 달라. 아주 밝아도 너무 멀리 있으면 어둡게 보이고, 실제로는 어두운 별이어도 가까이 있으면 밝게 보이기도 하니까.

별자리

눈으로 셀 수 있는 별은 대략 7천 개 정도야. 하지만 지구 반대편까지 다 넣은 거니까, 실제로 밤하늘에서 한 번에 셀 수 있는 건 약 3천 5백 개 정도지. 하늘의 별들을 찾아내기 쉽게 몇 개씩 이어서 동물, 물건, 신화 속의 인물 등의 이름을 붙여 놓은 것을 〈별자리〉라고 해.

별자리는 옛날에는 유목민과 여행자, 항해자의 길잡이였고, 오늘날에는 천문학자들의 별 하늘의 지도로 이용되고 있어. 동양과 서양이 서로 다르게 별자리 이름을 붙여 사용하고 있었는데, 국제천문연맹은 북반구와 남반구의 하늘을 통틀어 88개로 별자리를 통일했어.

별자리를 이루는 별들은 저마다 거리와 밝기가 달라. 너무 먼 곳에 있기 때문에 같은 자리에 있는 것처럼 보일 뿐이야. 사실 별은 제각기 빠른 속도로 서로 다른 방향으로 움직이고 있어서, 오랜 세월이 지나면 별자리들은 지금과는 완전히 다른 모습이 될 거야.

영웅들 사이에 빈자리를 채우기 위해 만든 도마뱀자리. 화려한 이야기가 없어서 사람들이 눈여겨보지 않았지만, 과학자들은 이 별자리를 주의 깊게 보기 시작했어. 관측 결과 우주의 신비를 밝히는 데 필요한 블랙홀이 있는 것으로 추측되는 곳이니까.

하찮게 보이던 도마뱀자리에 우주 탄생의 비밀이 숨겨져 있을지도 모른다니! 평범하기만 한 나의 삶에도 혹시 아주 특별한 일이 기다리고 있는 건 아닐까?

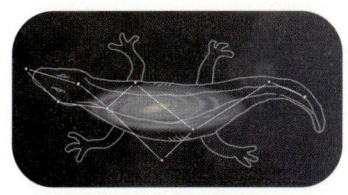

19 살아남은 자의 슬픔

꽤 멀리 온 것 같은데 여긴 어딜까?
온통 자갈과 바위뿐이다.
자꾸 걸려 넘어지려 한다.

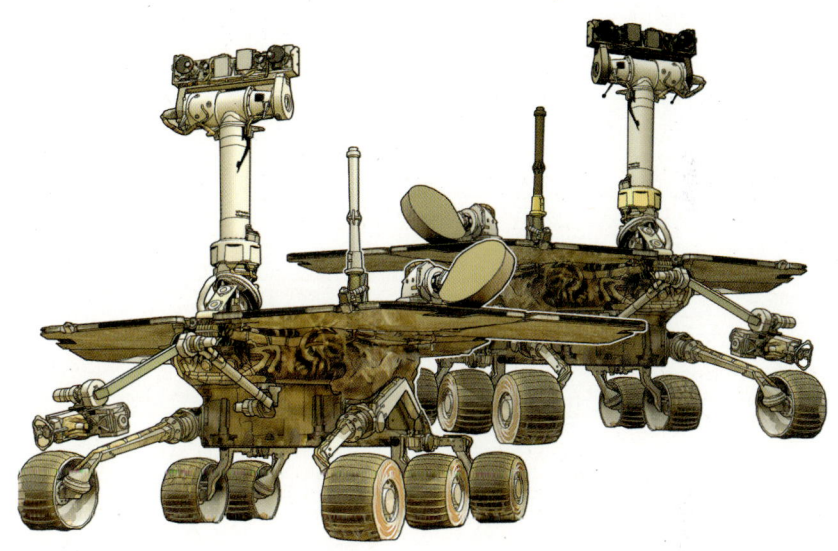

우리는 화성탐사 쌍둥이 로봇
'스피릿'과 '오퍼튜너티',
7개월여에 걸친 먼 여행 끝에
2004년 1월, 화성에 도착했다.

- **스피릿**spirit
  영혼, 마음

- **오퍼튜너티**opportunity
  기회

몹시… 춥다.
아무도 없는 이 곳.
움직이는 건 모래폭풍뿐.
힘이 되어 주는 건 태양뿐.

그리고 우리 쌍둥이는 너무 멀리 있다.
서로 만날 수 없다.

우리는 이곳의 풍경을 사진으로 찍어
우리가 떠나온 고향으로 보내야 한다.
애타게 사진을 기다리는 사람들을 위해

도착 4시간 만에
첫 사진을 지구로 전송했다.

이후 바퀴 고장으로
모래 언덕에 갇혔다가,
5주 만에 탈출할 수 있었다.

로봇 팔의 관절이 이상하다.
복구 불능.
그러나 망가진 몸으로
화성의 고산들을 등반하여
임무를 완수했다.

소프트웨어에 이상이 발생했다.
생존을 위해 이틀 동안
66번 스스로 재부팅했다.

우리는 상처투성이다.

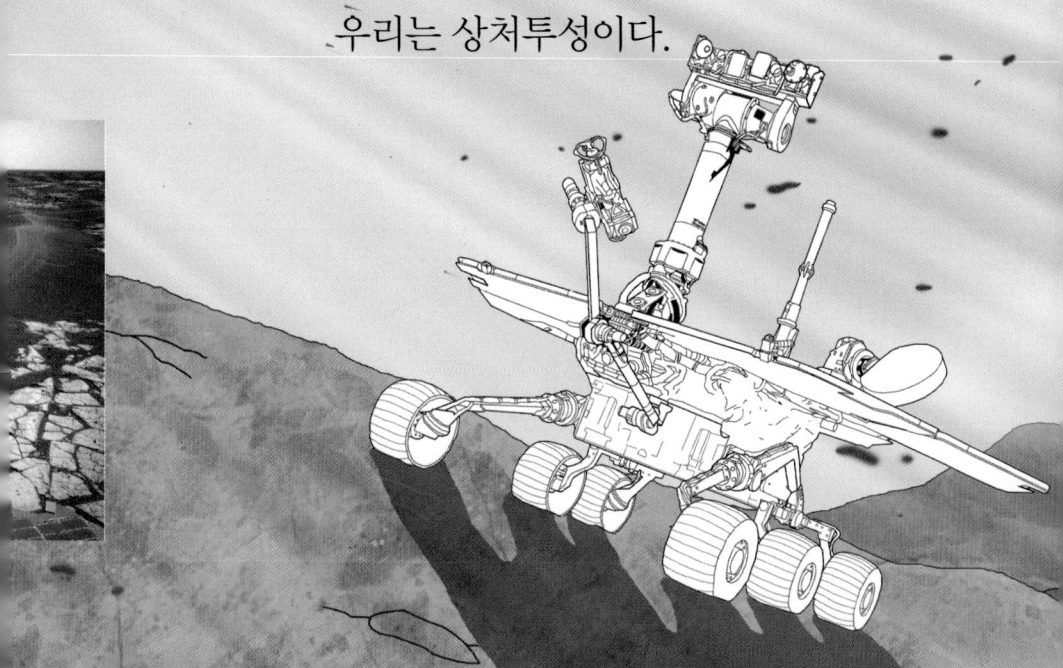

우리가 떠나올 때
사람들은 이렇게 말했다.

"화성탐사 로봇 스피릿과 오퍼튜너티는
 태양 전지판에 먼지가 쌓여
 3개월 후면 수명을 다할 것이다."

그러나 3개월을 훨씬 넘긴
3년 후에도 우린 아직 살아 있다.

화성의 모래 폭풍이
태양 전지판을 덮기도 했지만
또 다른 모래 폭풍이
모래를 쓸어 준 덕분에.

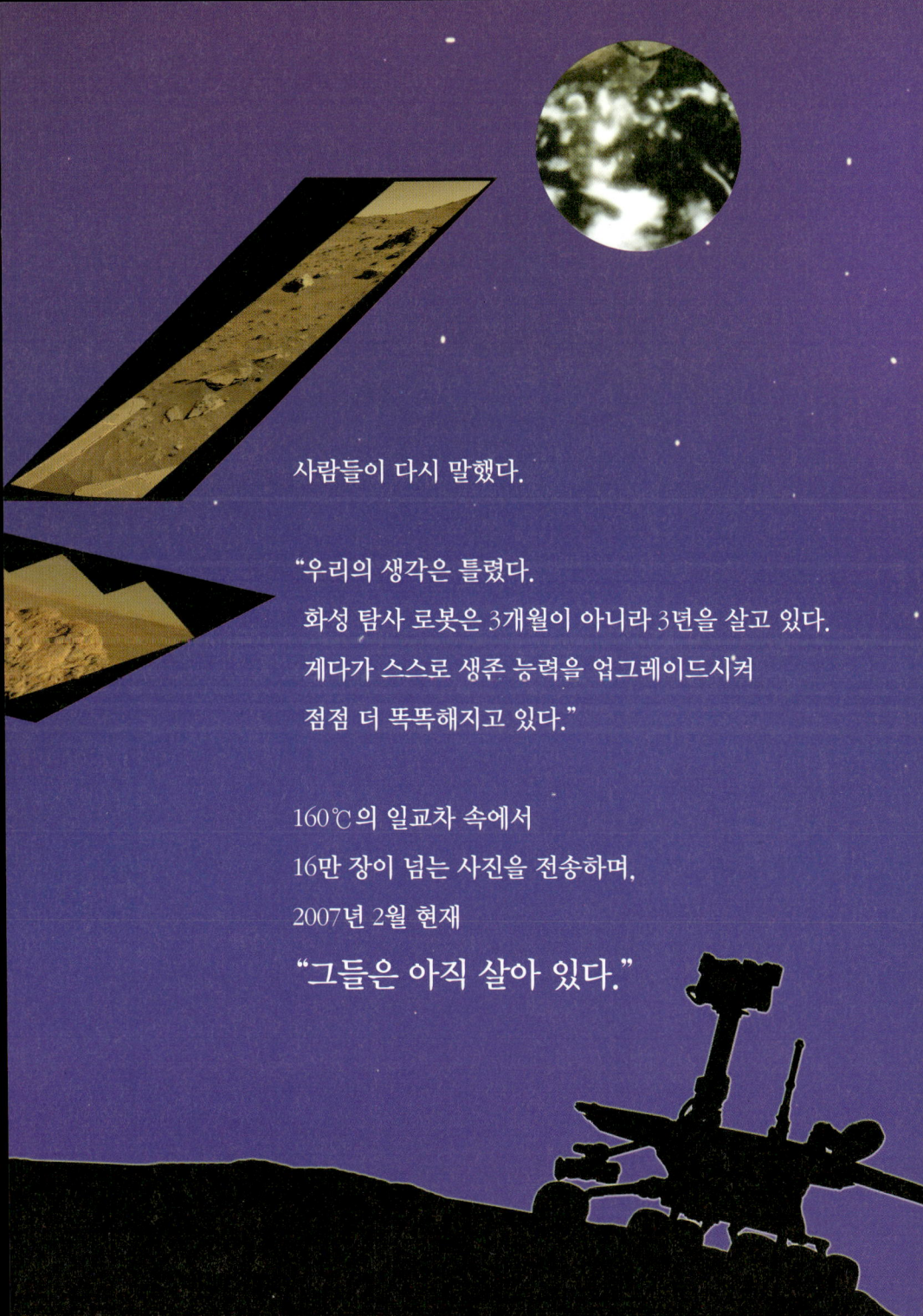

사람들이 다시 말했다.

"우리의 생각은 틀렸다.
 화성 탐사 로봇은 3개월이 아니라 3년을 살고 있다.
 게다가 스스로 생존 능력을 업그레이드시켜
 점점 더 똑똑해지고 있다."

160℃의 일교차 속에서
16만 장이 넘는 사진을 전송하며,
2007년 2월 현재
"그들은 아직 살아 있다."

2009년,
벌써 지구를 떠나온 지
1800여 일.

며칠 동안 우리는
이동하라는 명령을 따르지 않았다.
태양의 위치를 파악하라는 명령에
태양이 없다고 답했다.

2009년 1월 25일 일요일,
전원이 꺼져도 작동하는 메모리.
그러나 아무 활동도 기록하지 않았다.

이런 나에 대해 사람들은 이렇게 말했다.
"늙었나 보다."
"지루한 명령에 대한 반감인가?"

그러나
여전히 우리는 살아 있다.

화성을 향한 인류의 꿈

1969년 인류가 달 표면에 첫 발을 내딛은 후, 다음의 꿈과 목표는 늘 화성을 향해 있었어. 왜 화성일까? 지구에 가장 가까운 행성인 금성은 표면 온도가 450℃를 넘는 등 현재의 기술로는 인간이 방문하기 어려워. 금성 다음으로 지구에서 가까운 화성은 현재의 과학 기술로도 탐사가 가능하지.

더욱이 화성은 여러 면에서 지구와 비슷해. 화성의 하루는 약 24시간 40분으로 지구와 약간의 차이만 날 뿐이고, 자전축이 기울어진 각도도 지구와 놀라울 만큼 비슷해. 그리고 희박하나마 대기가 있으며 4계절의 변화도 있지. 다만 공전주기가 약 2년으로 각 계절의 길이가 지구보다 2배 정도 길어.

빛이나 열에너지, 양분이 될 수 있는 물질, 그리고 물. 이 세 가지는 생명체를 찾는 중요한 단서야. 이중에서도 특히 물은 우주 생명체를 찾는 데 가장 중요한 단서가 되지. 화성에 물이 있다면, 한때 생명체가 존재했거나, 생명체가 지금도 존재할 가능성이 있지 않을까?

바이킹호와 화성 탐사 로봇

1976년 미국의 화성 탐사선 바이킹1, 2호가 발사됐어. 이들은 화성 표면에 최초로 착륙한 이후 작동을 중지할 때까지(1982년) 1,400여 장의 사진을 보내 왔지. 이 사진들은 화성에 고등 생명체가 살 수 있을 거라는 믿음과 환상을 버리게 했어.

하지만 과학자들은 하등 생명체의 존재에 대해서는 여전히 비상한 관심을 가지고 있어. 왜냐고? 아주 옛날의 화성에는 바다와 강이 있었으며, 지구와 비슷한 대기를 가진 살아 있는 행성이었다는 증거들이 나왔기 때문이야.

그리하여 바이킹 다음으로 스피릿과 오퍼튜너티가 화성 탐사에 나서게 된 거야. 7개월의 우주여행 끝에 화성에 도달한 이들의 주요 임무는 '물 찾기'야.

그래서 화성에서 가장 따뜻하고, 한때 호수였을 것으로 추정되는 곳에서 물의 흔적과 생명체의 흔적을 찾고 있어.

또 2030년쯤 사람을 태운 탐사선을 보낼 계획이야. 인류가 달에 갔다 오는 데는 4일이 걸렸지만, 화성은 가는 데만도 6개월, 머무는 기간은 1년 이상으로 잡고 있어. 그래서 총 우주여행 기간이 3년은 돼야 해.

화성의 유인 탐사가 성공하면 화성을 우주 기지로 하여 태양계를 벗어나 더 먼 곳으로 나아가려는 계획이야. 그래서 유럽연합과 일본, 중국도 화성 탐사에 이미 열을 올리고 있어.

SF의 주된 소재 - 화성

1800년대 말 사람들은 화성에 뛰어난 지능과 기술을 가진 화성인이 살고 있을 거라고 생각했어. 'ET'와 같은 공상과학(SF)소설과 영화들은 인간만큼이나 고등한 생명체가 있는 외계를 그려 왔어. 하지만 화성 탐사의 결과는 이런 가능성들을 모두 접게 만들었지.

그렇다면 화성을 무대로 한 SF는 사라졌을까? 황당한 SF는 사라졌지만, 사진을 근거로 더욱 그럴 듯하게 화성을 묘사한 새로운 공상 과학 이야기는 여전히 많은 사람들에게 사랑받고 있어. 화성에 대한 인류의 짝사랑은 우주에 생명체가 있을 거라는 희망 같은 거겠지?

20 하늘과 바람과 별과 詩
—윤동주와 별 19450216호

1945년 2월 16일
시인 윤동주 사망.

시인 윤동주가 만났던 붉은 별.
그 별을
붉은 별 '19450216호'라고 하자.

그것은 천만 년 전의 별빛.
인류가 시작되기 전
우주로 퍼진 강렬한 빛.

별은 죽는 순간
가장 밝게 빛난다.

그리고 죽은 별이 우주에 남긴 유산은
새로운 별들의 인큐베이터, 성운星雲.

한 아름다운 성운에서
다른 아기별과 함께 태어난
붉은 별 '19450216호'.

- **성운星雲**
  우주에서 가스와 먼지 등이 모여 뿌연
  구름처럼 보이는 것.

크고 무거운 별은
짧은 생애를 마친다.

그리고 다른 별보다 격렬하게
에너지를 소진한다.

최후의 순간
대폭발을 하면,
우주에 흩어져
다른 생명의 씨앗이 된다.

다른 별보다 크고 무거웠던
붉은 별 '19450216호'는

푸른색의 젊은 날을 거쳐
죽음이 다가오는 신호인
붉은색으로 빛났다.

죽음이 다가올수록
더욱 찬란하게 빛난
붉은 별 '19450216호'.

죽기 직전
마지막 여행이었을까?

'밤'이라 불리던 시대
'밤'에 깨어 있던 지구의 윤동주에게,
우주 저 너머 어딘가에서
천만 년의 시간을 건너
지구에 도달한 별빛.

붉은 별 '19452016호'와
시인의 첫 만남은
1941년 11월 20일.
시인이 서시序詩를 썼던 날.
"오늘 밤에도 별이 바람에 스치운다."

그리고……

"어머니,
 나는 별 하나에 아름다운 말 한 마디씩 불러 봅니다."
 소학교 때 책상을 같이했던 아이들의 이름,
 가난한 이웃 사람들의 이름,
 비둘기, 강아지, 토끼, 노새, 노루.

"이네들은 너무나 멀리 있습니다.
 별이 아스라이 멀 듯이."

"나는 무엇인지 그리워
 이 많은 별빛이 내린 언덕 위에
 내 이름자를 써 보고
 흙으로 덮어 버리었습니다."

하늘에 반짝인 별빛은
붉은 별 '19450216호'가 남긴 유산.

흙에 덮인 시인의 이름은
윤동주, 당시 28세.
그가 남긴 시 〈별 헤는 밤〉.

별은 죽지 않고,
반짝이는 '시'로 빛난다.
붉은 별 '19450216호'.

그리고 별처럼 살다 간
시인 윤동주.

별을 사랑한 시인 윤동주

윤동주는 일본 식민지 시대에 태어나 해방을 못 본 채 28살의 젊은 나이로 생을 마감했지. 어둡고 가난한 생활 속에서도 인간의 삶에 대해 진지하게 사색하고, 일제의 강압으로 고통 받는 조국의 현실을 가슴 아파한 시인이었어.

이런 그의 사상은 〈서시〉, 〈별 헤는 밤〉, 〈또 다른 고향〉 등에 잘 드러나 있어. 청소년기에 쓴 시는 암울한 분위기를 담고 있으면서도 어린 시절의 평화를 그리고 있어. 어른이 되어 쓴 시는 일제 강점기의 민족의 암울한 역사를 담은 깊이 있는 시가 대부분이야.

식민지의 백성이라는 깊은 슬픔 속에서도 티 없이 순수한 인생을 살아가려는 그의 내면 세계는 특히 '별'을 통해 잘 표현되고 있어. 그래서 그 어떤 시인보다도 별을 사랑한 시인이라 할 수 있어.

별의 탄생과 죽음

태초에 대폭발로 생긴 우주는 엄청나게 뜨겁다가 빠르게 팽창하면서 식었어. 이 때 수소, 헬륨, 리튬과 같은 가벼운 원소들이 만들어졌어. 이 원소들이 우주로 퍼져나가 곳곳에서 다시 뭉쳐 만들어진 게 별이야.

별이 만들어질 때 뭉쳐진 원소들은 끊임없이 핵융합 반응을 일으키지. 수소와 수소가 반응하여 헬륨을 만들고, 남겨진 헬륨은 헬륨끼리 반응하여 또 다른 물질을 만들면서 많은 빛과 열을 내게 돼. 그래서 자신의 에너지로 스스로 빛을 내는 천체인 별이 될 수 있어.

별도 일생이 있어서 수명은 태어날 때 이미 정해져 있어. 가벼운 별은 천천히 식어가는 데 반해서, 크고 무거운 별은 폭발해 버리지.

특히 크고 무거운 별인 붉은 색의 적색거성赤色巨星은 죽을 때쯤 크게 부풀어

오르다가 어느 한 순간에 뻥 터지게 되지. 별이 한꺼번에 터지면서 엄청난 빛을 내니까, 그 전에 보이지 않던 별이 갑자기 나타났다고 하여 초신성超新星이라 부르지만, 실은 늙어서 죽는 별이지.

그런데 별의 죽음은 특별한 의미가 있어. 별이 폭발할 때 탄소나 산소, 질소, 철과 같은 무거운 원소들이 만들어지거든. 지구도 바로 어떤 별이 죽으면서 만들어 낸 천체야. 별이 죽으면서 이런 원소들을 만들지 못했다면, 오늘날 지구 생태계와 생명체의 탄생도 불가능했을 거야.

붉은 별 19450216호

이 별은 물론 이 별은 가상의 별이야. 1945년 2월 16일, 윤동주가 세상을 떠나던 날을 별의 이름으로 만들어 본 거지.

위대한 인물들을 별에 비유하는 경우가 많아. 별은 스스로 빛을 내어 태양처럼 지구의 생명체들에게 에너지를 공급하기도 하고, 캄캄한 밤하늘에 길잡이가 되어 주기도 하니까. 그래서 위대한 인물들이 세상을 떠나면 '별이 지다'라고도 하지.

크고 무거운 별로 짧은 삶을 살았지만, 마지막 순간 폭발할 때는 엄청나게 밝은 빛과 생명의 원소들을 만들어 내는 적색거성, 붉은 별. 붉은 별에 윤동주를 비유한 것도 이 때문이지. 어두운 식민지 시대에도, 오늘날에도 많은 이들을 감동시키는 그의 시는 별이 만들어 낸 생명의 원소와도 같지 않을까?

주니어 지식채널ⓔ1

EBS 지식채널ⓔ, 드디어 주니어를 만나다!

주니어의 눈높이에 맞춰 방송 내용을 재구성한 시리즈의 첫 책.
'삶과 사람'을 주제로 스무 편의 이야기를 엮은 『주니어 지식채널ⓔ1』

🟡 노랑, 새롭고 기분 좋은 일들

- 01 한 끼 밥
- 02 포옹
- 03 당신의 온도는?
- 04 보키니
- 05 삐삐 어쩌고 저쩌고 롱스타킹

🟢 초록, 이 땅의 평화와 순수

- 06 4억 년간의 동맹
- 07 착한 초콜릿
- 08 어느 독서광의 일기
- 09 여섯 명의 시민들
- 10 크레파스

🔴 빨강, 힘차고 열정적인 삶

- 11 F1-인간 한계를 넘는 도전
- 12 BLACK
- 13 '모차르트의 환생'-클라라 하스킬
- 14 지독한 싸움꾼
- 15 미국의 우상

🔵 파랑, 도전과 무한한 가능성

- 16 그들이 '열공' 하는 이유
- 17 Play & Fight
- 18 루이스 칸-인간을 위한 건축
- 19 두 명의 해커
- 20 어떤 열아홉 살